Michael Wittschier
Abenteuer Philosophie

Zu diesem Buch

Ein Reiseführer durch die Welt der Philosophie einmal anders: überschaubar und auf jeder Station voller Anregungen. Ausgehend von alltäglichen Lebenssituationen, animiert Michael Wittschier den Leser zu eigenen Fragen, zu Zweifeln und zu philosophischem Staunen. Zugleich stellt er die Ansichten und Einsichten großer Philosophen zu den Themen Wahrheit, Wirklichkeit, Erkenntnis und Moral so vor, daß man lähmende Schulerinnerungen getrost vergessen kann. Und auf jeder Seite dieses Buches begegnet sich der Leser auch selbst – im Sinne der uralten Maxime der Philosophie: »Erkenne dich selbst!« Denn wer das Denken lieber den Pferden überläßt oder nur das »wiederholt, was andere wiederholt haben« (Ernst Bloch), ist und bleibt unmündig und manipulierbar, weil unwissend.

Michael Wittschier, 1953 in Köln geboren, lebt und arbeitet als Maler, Autor und Gymnasiallehrer für die Fächer Deutsch und Philosophie in Wipperfürth im Bergischen Land.

Michael Wittschier

Abenteuer Philosophie

Ein Schnellkurs für Einsteiger

Mit zahlreichen Abbildungen

Piper München Zürich

für
meine Lehrer
und Schüler

Ungekürzte Taschenbuchausgabe
Piper Verlag GmbH, München
1. Auflage Oktober 1996
3. Auflage Juni 1997
© 1994 Patmos Verlag, Düsseldorf
unter dem Titel:
»Erkenne dich selbst. Abenteuer Philosophie«
Umschlag: Büro Hamburg
Simone Leitenberger, Susanne Schmitt, Andrea Lühr
Umschlagabbildung: Andrea Lühr
Foto Umschlagrückseite: Alexia Lüers
Druck und Bindung: Clausen & Bosse, Leck
Printed in Germany   ISBN 3-492-22366-4

Die wahren Abenteuer sind im Kopf

Wer im antiken Griechenland nach Delphi reiste, um dort das Orakel zu befragen, konnte über dem Eingang zum Apollotempel folgende Inschrift lesen: »Erkenne dich selbst!« Diese Aufforderung zur Selbsterkenntnis geht auf den ältesten uns bekannten Philosophen des Abendlandes, Thales von Milet, zurück und ist seitdem zur Antriebsfeder menschlicher Weisheit geworden. Wer das Denken lieber den Pferden überläßt oder nur das »wiederholt, was andere wiederholt haben« (Ernst Bloch), ist und bleibt unmündig und manipulierbar, weil unwissend.

Wer jedoch – dem Rat des Thales folgend – damit beginnt, sich selbst und damit auch alle(s) andere(n) daraufhin zu untersuchen, was und wie es wirklich ist, woher es kommt und wozu es dient, der hat die Chance, der Wahrheit ein Stückchen näher zu kommen und damit zugleich auch der Gerechtigkeit. (Selbsterkenntnis ist ja bekanntlich der erste Schritt zur Besserung.)

Möglicherweise steht am Ende dieses Erkenntnisweges die Einsicht, die bereits Sokrates vor über 2500 Jahren formulierte: »Ich weiß nur, daß ich nichts wirklich wissen kann.« Aus diesem Grunde nannte er sich ja auch als erster Mensch einen »Philo-sophen« oder »Weisheits-Liebenden«.

Unwissenheit und Dummheit sind bequem, denn wer keine Fragen stellt, kann auch keine unbefriedigenden oder unangenehmen Antworten bekommen. Deshalb gehört schon (etwas) Mut dazu, sich seines eigenen Verstandes zu bedienen. Aber jeder, der schon einmal mit neugierigen Augen vor dem Spiegel stand, um dort eine Antwort auf die Frage: »Wer bin ich?« zu finden, hat bereits erfahren, wie einfach, interessant und spannend die abenteuerlich-ungewisse Gedankenreise zum Mittelpunkt menschlichen Wissens werden kann.

Die vorliegende Einführung versteht sich als philosophischer Reiseführer mit überschaubaren und anregenden Gedankenschritten. Alltägliche Lebenssituationen sollen anschaulich und überraschend zum Staunen, Fragen und Zweifeln verführen. Zugleich werden die Ansichten und Einsichten großer Philosophen zu den Themen Wahrheit, Wirklichkeit. Erkenntnis und Moral verständlich vorgestellt.

Auf jeder Seite dieses Buches aber wird sich der Leser selbst wiederfinden, sofern er bereit ist, der Inschrift von Delphi zu folgen: »Erkenne dich selbst!«

ÜBER DEN RICHTIGEN UMGANG MIT DIESEM BUCH

Sie haben keine Ahnung, was Philosophie ist? Dann halten Sie genau das richtige Buch in Händen!

Sie ärgern sich darüber, daß Sie noch nicht wissen, was Philosophie bedeutet? Herzlichen Glückwunsch! Sie dürfen sich damit als idealen Leser dieser Einführung betrachten!

Sie stellen beim Lesen fest, daß die Anzahl Ihrer Fragen zu- statt abnimmt? Wunderbar! Damit erfüllt dieser Einstieg ins philosophische Denken seinen eigentlichen Zweck!

Sie sind unzufrieden, weil dieses Buch schon auf Seite 171 endet? Vielen Dank für das Kompliment!

Sie haben nach beendeter Lektüre den Wunsch, sich mit anderen über philosophische Probleme zu unterhalten? Tun Sie es! Aber wundern Sie sich dabei über gar nichts!

Ich wünsche Ihnen viel Freude beim Denken!

M. C. Escher,
Luft und Wasser II, 1938

INHALT

KLEINE EINFÜHRUNG IN DAS PHILOSOPHISCHE DENKEN

Störenfried (Jaspers) 12
Meine liebste Philosophie 14
Nur ein Grashalm (Friedrich II./Horst Stern) 16
Ich glaube, ich weiß, was du meinst 18
Schönheit 20
All you need is love (Felix Krull/Thomas Mann) 23
Die Not lehrt denken 25
Der Mann, der nichts mehr wissen wollte (Bichsel) 27
Der erste Philosoph 32
Geburtsakt der Philosophie (Morgenstern) 34
Woher all diese Fragen? 35
Jeder Mensch ein Philosoph? 37
Ein Loch (Tucholsky) 39
Wieso? Weshalb? Warum? 41
Fragen? Selbst denken! (Bloch) 44
Selber denken 46
Drei Regeln für das Philosophieren (Kant) 47
Verständlich denken – Folgerichtig denken 48
Drei berühmte Fälle der Logik 50
Ordnung muß sein! 53
So ist es!? 54
Der Fall Sokrates 56
Themen der Philosophie 58
Bücher, Bücher, Bücher 62

IN DIE ERKENNTNISTHEORIE

Wie sehen Sie das? 63
Ein Tisch... ist kein Tisch 66
Alte Fragen ohne Antwort 72
Schatten an der Wand – Platons Höhlengleichnis 74
Die drei Thesen des Gorgias 79
As time goes by 80
Ein Baum ist ein Baum ist ein Baum 82

unten-oben, rechts-links (Lichtenberg/Boetius) 84
Die Geschichte von den Blinden und dem Elefanten
(Buddha) 86
Urbild – Abbild 87
Vorher? – Nachher? 89
Alles nur ein Traum? (Descartes) 90
Der Schmetterlingstraum 92
Auf der Galerie (Kafka) 94
Nasenwelt (Adams) 96
Milch ist krumm 99
Ursache – Wirkung (Hume) 100
Ein leeres Blatt Papier 102
Und immer wieder geht die Sonne auf? 103
Esau und Jakob (Kolakowski) 104
Gedanken ohne Inhalt... (Kant) 106
Ich bin ich!? 108
Für Ihre Augen – Büchertips 110

IN DIE MORALPHILOSOPHIE

Moralisch gut ist... 111
Der Friederich, der Friederich 114
Drei Regeln für Moralphilosophen (Sokrates) 121
Gut für mich & schlecht für andere 122
Alles, was recht ist 125
Höflichkeit bei verschiedenen unvermeidlichen
Gesetzesübertretungen (Böll) 128
Moral und Recht 135
Ist Küssen unmoralisch? 138
Moral und Klugheit 143
Reiche & Räuber (Augustinus) 146
Ich bin so frei! 148
Das Problem der Willensfreiheit (Schopenhauer/Menzel) 150
Was du nicht willst... 157
Urteilen Sie selbst! 160
Und war am fünften Tage tot 166
Bücherliste zum Weiterlesen 170

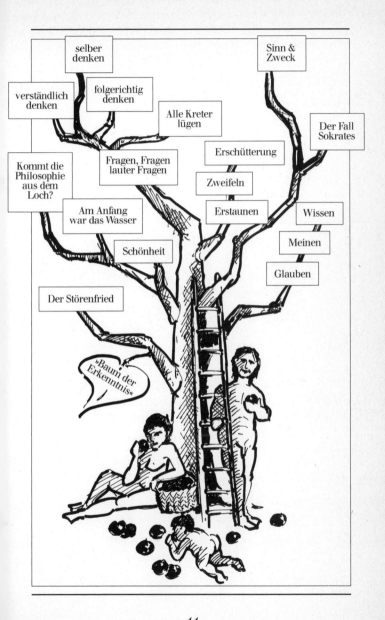

STÖRENFRIED

(Die Abwehr gegen die Philosophie) ist fühlbar in Wendungen wie: Die Philosophie ist zu kompliziert. Ich verstehe sie nicht. Mir ist sie zu hoch. Das ist eine Sache für Fachleute. Ich habe dafür keine Begabung. Daher geht sie mich nicht an. – Aber das ist, als ob man sagen wollte: um die Grundfrage des Lebens brauche man sich nicht zu kümmern, man dürfe sich, im ganzen gedankenlos, in irgendeiner besonderen Sache der Praxis oder der Gelehrsamkeit ohne die Frage nach deren Sinn mit tüchtiger Arbeit verlieren und im übrigen seine »Meinungen« haben und damit zufrieden sein. Die Abwehr wird erbittert. Ein sich selbst undurchsichtiger Lebensinstinkt haßt die Philosophie. Sie ist gefährlich. Würde ich sie verstehen, müßte ich mein Leben ändern. Ich würde in eine andere Verfassung gelangen, alle Dinge in einem mir bisher fremden Licht sehen, neu urteilen müssen. Besser nicht philosophisch denken!(...)

Vielen Politikern ist ihr heilloser Betrieb leichter, wenn die Philosophie gar nicht da ist. Massen und Funktionäre sind leichter zu manipulieren, wenn sie nicht denken, sondern nur eine dressierte Intelligenz haben. Man muß es verhindern, daß es dem Menschen ernst wird. (...)

Das Entscheidende ist: Philosophie will die ganze Wahrheit, die Welt aber will sie nicht. Philosophie ist ein Störenfried.

Karl Jaspers   *(1883–1969)*

Charles M. Schulz

Meine liebste Philosophie

Wer diesen Satz liest, philosophiert schon.
Warum? Ganz einfach: Er will wissen, was Philosophie ist.
So einfach ist das? Ja. Und nein.
Denn wer sich die Frage stellt, was denn Philosophie sei, hat ein Problem. Und er hätte es nicht, wenn er ihm aus dem Wege ginge – so wie Linus es Charly Brown vorschlägt. Genauer: Aus dem Weg gegangen wäre! Zu spät! Die Frage ist gestellt worden und verlangt nach einer Antwort. Zum Glück ist sie einfach und schnell zu geben:
Das Wort »Philosophie« stammt aus dem Griechischen und heißt wörtlich übersetzt: Liebe oder Freundschaft zum Wissen. Damit wäre das (Frage-)Problem gelöst, und der Fall Philosophie hätte sich erledigt. Oder?
Eigentlich schon, es sei denn, die gegebene Antwort fordere eine neue Frage heraus oder sogar mehrere. Zum Beispiel:
– Ist jeder, der etwas wissen will – egal, was es sei –, schon ein Philosoph?
– Wieviel kann man überhaupt »wissen«?
– Was heißt eigentlich »wissen« und was »Liebe«?
– Und: Wie vertragen sich denn alle diese Fragen mit der »Philosophie« von Linus?
Gar nicht! Denn dann hätte uns seine »liebste Philosophie« nicht vor irgendwelche Probleme stellen dürfen.

Aber das ist doch gerade der Witz des kleinen Comics – wird jetzt der mitdenkende Leser sagen. Eben. Der Peanuts-Zeichner Charles M. Schulz arbeitet ganz bewußt mit einem Widerspruch; nämlich zwischen dem, was Philosophie *ist*, und dem, was man so alles Philosophie *nennt*. Hätte er Linus statt des Wortes »Philosophie« meine liebste »Ansicht«, »Einstellung« oder »Meinung« sagen lassen, gäbe es überhaupt keine Verständnisprobleme – aber eben auch keine Komik. Diese besteht allerdings nur vordergründig.

Denn: »Alle Menschen haben eine Philosophie, ob sie es wissen oder nicht. Zugegeben, daß diese Philosophien allesamt nicht viel wert sind. Aber ihr Einfluß auf unser Denken und Handeln ist geradezu verheerend. Damit wird es notwendig, unsere Philosophien kritisch zu untersuchen. *Das ist die Aufgabe der Philosophie«*..., sagt der englische Philosoph Karl Popper.

Damit wäre die 4. Frage eindeutig beantwortet: Linus ist kein (echter) Philosoph, aber er hat eine »Philosophie«. Andere vergleichbare »Philosophien« wären:
– Angriff ist die beste Verteidigung.
– Genuß! Jetzt! Sofort!
– Ehrlich währt am längsten!
– Nur ein toter Indianer ist ein guter Indianer.
– Wissen ist Macht.
– und so weiter

Diese Lebensanschauungen oder »Weisheiten« sind aber nicht Ausdruck einer Liebe zum Wissen, sondern lediglich praktische, bequeme, aber auch gefährliche (Halb-)Wahrheiten. Wer so spricht oder »denkt«, »weiß« schon, wo's lang geht; er sucht und liebt nicht mehr, sondern verwaltet nur noch zufrieden ein irgendwie erreichtes Scheinwissen.

Nur ein Grashalm

Es ist nicht schwer, alle Erscheinungen der Welt in eine Fülle von Fragen zu zerlegen. Der Anblick eines einziges Grashalmes schon läßt mich mühelos und im Tempo des Aufschreibens fragen: Wie kam er in den Boden, und wie kommt er aus ihm heraus? Was macht ihn grün, dann gelb, dann braun, wenn man ihn nicht mäht, und was schließt die Wunde, die von der Sense kommt, merkwürdiger noch: was läßt neues Leben aus ihr sprießen? Was macht die eine Art blühen und die andere daneben nicht? Und wozu blühen Gräser überhaupt, wenn das Blühen nicht unabdingbare Voraussetzung für die Vermehrung der Pflanzen ist, wie der Farn es mich lehrt? Was ordnet die Farben der Halme zu Mustern, und haben diese einen tieferen Sinn, und wenn ja, welchen? Oder sind sie zufällig, und wenn sie es sind, wie kommt es dann, daß die Kinder der Gräser auch in der Musterung den Eltern gleichen? Wozu braucht der Grashalm ein Wurzelgeflecht, das in der Längenausdehnung des einzelnen Wurzelfadens dem Darm des Schafes gleicht: ein Vielfaches des Körpermaßes, während die in den Himmel reichende Fichte Wind und Wetter mit einem Wurzelteller trotzt, der den Durchmesser ihres Stammes nur vier oder fünfmal übertrifft, wie man sehen kann, wenn man im Wald auf eine entwurzelte Fichte trifft. Und, um beim Gras zu bleiben, ist nicht die eine Art süß und die andere bitter, wie man an der Auswahl sehen kann, die das Weidevieh unter ihnen trifft? Was bewirkt und wo ist der Grund dafür, daß die Kanten der einen Gräser messerartig scharf, die von anderen aber weich und stumpf sind? Was macht die einen rund und die anderen schwertgleich flach, diese hoch und jene niedrig? Was befähigt sie, im Trockenen zu leben wie auch im Nassen? Und wozu diese Vielfalt, und vor allem: wo kommt sie her?

Das sind, bedenkt man den simplen Anlaß, einen Grashalm, viele Fragen, die allein das Auge eingibt. Dabei habe ich das dem Auge verborgene Leben des Grases noch nicht angesprochen, die eigentlichen Fragen nicht gestellt: Was ist in dem Saft, der sie treibt? Wie wächst ihr Fleisch, wie das Knochengerüst der holzigen Teile? Und was ist das: Saft, Fleisch, Knochen? Was geht darin vor, daß der Wind sie beugen, sie aber nicht brechen kann, der Schnee sie niederdrücken, aber nicht ersticken, das Vieh sie fressen, aber nicht zerstören kann? Was wissen wir überhaupt? Und wenn wir dies alles eines Tages wissen werden, wie viele werden es sein, die es wissen, und wie viele, die über die Erde gehen, ohne auch nur das Gras unter ihren Füßen gekannt zu haben?

Und was ist schon Gras? Wie viele Fragen fallen mir erst ein, richte ich den Blick auf einen noch komplizierteren Organismus, wie ich glaube, auf eine Spinne am Halm? (...) So könnte ich jedes sichtbare Ding auf der Welt in tausend und mehr Fragen zerlegen; von den unsichtbaren Dingen nicht zu reden, denn nichts Gestalthaftes bremst dann mehr die fragende Phantasie. So könnte ich leicht mein Leben hinbringen. Ein Wissen aber käme mir nicht davon.

Diese Fragen stellt sich Kaiser Friedrich II. (1212–1250) in dem Roman »Mann aus Apulien« von Horst Stern.

Albrecht Dürer, *Großes Rasenstück, Ausschnitt, 1503*

Ich glaube,
ich weiss,
was du meinst.

Wer das Wissen liebt, sollte wissen, was er tut.
Denn am Ende liebt er noch das Falsche oder das Richtige falsch!
Aber wann weiß man etwas – wirklich? Und: Wieviel muß man wissen, um tatsächlich von »Wissen« sprechen zu können? Kann man alles wissen – oder am Ende gar nichts?

Ein kleines Beispiel kann Licht in das Dunkel der gestellten Fragen bringen: Drei Leute betrachten die obige Abbildung:
1. Betrachter: »Also, ich glaube, die abgebildeten Männer sind verschieden groß; aber ich könnte mich auch irren.«
2. Betrachter: »Ich bin fest davon überzeugt, daß alle vier Männer gleich groß sind. Beweisen kann ich es allerdings nicht.«
3. Betrachter: »Die abgebildeten Männer sind auf den Millimeter genau gleich groß. Ich habe es nachgemessen. Außerdem braucht man sich nur den Hintergrund weg zudenken und sieht sofort, daß es sich hier nur um eine optische Täuschung handelt.«
Alle drei Aussagen sind ein Für-wahr-Halten, aber in ganz unterschiedlicher Weise.

Im 1. Fall kommt ganz deutlich eine doppelte Unsicherheit zum Ausdruck – sowohl was die Überzeugung des Betrachters betrifft als auch die Sache. Er *meint* bloß etwas zu wissen.

Der 2. Betrachter dagegen ist sich seiner Sache ganz sicher. Er könnte geradezu darauf wetten, daß er recht hat. Dennoch kann man in einem solchen Fall nicht wirklich von »Wissen« sprechen. Denn jede Wette kann man auch verlieren; es ist nicht auszuschließen, daß einer der vier Kofferherren um den Bruchteil eines Millimeters kleiner ist als die anderen.

Damit dürfte klar geworden sein, daß nur der 3. Betrachter *weiß*, was er sagt. Er hat seine Aussage an der Sache selbst überprüft, und jeder andere kann und soll dies auch tun. Damit ist das, was er über den vorliegenden Sachverhalt sagt, insofern *wahr*, als Aussage und Sachverhalt 100% übereinstimmen.

Aber ist all das, was wir wissen können und möchten, in dieser Weise überprüfbar?

Wie steht es mit Dingen, die längst vergangen sind?

Können wir mit Gewißheit sagen, daß morgen früh die Sonne wieder genauso aufgehen wird wie bisher?

Und überhaupt: Sind all die Dinge um uns herum ganz genau so, wie wir sie mit den 5 Sinnen wahrnehmen?

Wir wissen doch inzwischen, daß zum Beispiel Hunde viel besser hören und manche Vögel viel besser sehen können als wir.

Doch es gibt noch ein ganz anderes Problem in diesem Zusammenhang: Was ist mit all den Sachverhalten, Problemen und Fragen, über die wir genau Bescheid wissen wollen – die man aber gar nicht wahrnehmen kann?

SCHÖNHEIT

Wer zum Beispiel wissen möchte, was Schönheit ist und warum wir einige Dinge schön und andere häßlich nennen, wird und kann sich zunächst an viele schöne Menschen und Dinge erinnern, die ihm und anderen als schön gelten: der blaue Himmel, verschiedene Blumen, Bilder, Geschichten und Gedichte, Träume, Männer, Frauen, Kinder.
Doch obwohl sie alle schön sind, ist keine(s) von ihnen die Schönheit selbst.
Auch eine noch so schöne Rose ist und bleibt eine Rose. Denn wäre es anders, dann müßte sie aufhören, eine Blume zu sein, wenn ihre Schönheit vergeht.
Und umgekehrt kann die blühende Rose auch nicht als Inbegriff von Schönheit gelten. Denn dann gäbe es Schönheit ja nur so lange, wie diese Rose blühte.
Und so ist es auch mit allen anderen Dingen, die wir schön nennen: sie sind, was sie sind, der Himmel, ein Gedicht, ein Traum usw., ohne nur immer schön zu sein.
Aber wo und wie ist die Schönheit zu finden, die allem, was uns schön erscheint, gemeinsam ist?
Durch das bloße Betrachten einzelner schöner Menschen und Dinge ist sie offensichtlich nicht zu entdecken. Dennoch haben wir eine ziemlich genaue Vorstellung von dem, was schön ist und was nicht.
Woher wissen wir das?
Und: Entspricht unser Schönheitsideal wirklich dem, was Schönheit in Wahrheit ist?

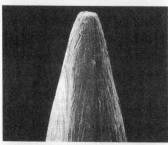

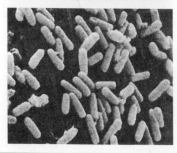

Eine gewöhnliche Haushaltsstecknadel bei zunehmender (30-, 150-, 750- und 3750facher) Vergrößerung

Wer das Wissen liebt, müßte aber nicht nur das wissen, sondern noch viel mehr. Eigentlich müßte er alles wissen. Und somit nicht nur alles, was es gab, gibt und einmal geben wird.

So gesehen, müssen Philosophen oder Weisheitsliebende größenwahnsinnig sein. Denn schon ein kurzer Blick in irgendein Lexikon genügt, um zu sehen, daß das Leben eines Menschen viel zu kurz ist, um auch nur auf dem Gebiet einer einzigen Wissenschaft alles zu kennen, geschweige denn zu verstehen, was bis heute erforscht und untersucht wurde. Ja, schon bei der genauen Betrachtung eines einzigen Stecknadelkopfes ist dieser Wunsch, alles daran zu wissen, offensichtlich zum Scheitern verurteilt, wie die Bildvergrößerungen zeigen.

Aber vielleicht ist es ja gar nicht nötig, jeden Grashalm, jeden Floh und jeden Menschen zu kennen, um wirklich von Wissen sprechen zu können.

Vielleicht genügt es ja »schon«, verstanden zu haben, woher alles seinen Ursprung genommen hat, wie es zusammenhängt und worauf es letztlich hinausläuft – falls es ein solches Endziel überhaupt gibt.

»Schon« ist gut, denn wer das alles wüßte, müßte allwissend oder ein Gott sein. Und deshalb kann man die Menschen zu Recht nur Weisheits*liebende* oder Philosophen nennen und nicht Weise.

Oder noch bescheidener formuliert:

Wer nichts weiß
und weiß,
daß er nichts weiß,
weiß viel mehr als der, der nichts weiß
und nicht weiß, daß er nichts weiß.

All you need is love

Die Liebe, Zouzou, tut durch die Liebenden alles, sie tut und versucht das Äußerste, um die Nähe grenzenlos, um sie vollkommen zu machen, um sie bis zum wirklichen, völligen Einswerden von zweierlei Leben zu treiben, was ihr aber komischer- und traurigerweise bei aller Anstrengung niemals gelingt. Soweit überwindet sie nicht die Natur, die es, trotz ihrer Veranstaltung der Liebe, grundsätzlich doch mit der Getrenntheit hält. Daß aus Zweien Eins wird, das geschieht nicht mit den Liebenden, es geschieht allenfalls außer ihnen, als Drittes, mit dem Kinde, das aus ihren Anstrengungen hervorgeht. (...)

Die Liebe, liebe Zouzou, ist nicht nur in der Verliebtheit, worin erstaunlicherweise eine gesonderte Leiblichkeit aufhört, der anderen unangenehm zu sein. In zarten Spuren und Andeutungen ihres Daseins durchzieht sie die ganze Welt. Wenn Sie an der Straßenecke dem schmutzigen Bettlerkind, das zu ihnen aufblickt, nicht nur ein paar Centavos geben, sondern ihm auch mit der Hand, selbst wenn sie ohne Handschuh ist, übers Haar streichen, obgleich Läuse darin sind, und ihm dabei in die Augen lächeln, worauf Sie etwas glücklicher weitergehen, als sie vorher waren – was ist das anderes als die zarte Spur der Liebe? (...)

Sehen Sie sich um in der Welt, sehen Sie den Menschen zu, als täten Sie es zum erstenmal! Überall sehen Sie Spuren der Liebe, Andeutungen von ihr, Zugeständnisse an sie von seiten der Getrenntheit und des Nicht-wissen-Wollens der einen Leiblichkeit von der anderen. Die Menschen geben einander die Hand, – das ist etwas sehr Gewöhnliches, Alltägliches und Konventionelles, niemand denkt sich etwas dabei, außer denen, die lieben und die diese Berührung genießen, weil ihnen weitere noch nicht erlaubt sind. (...)

In Wahrheit aber, bei Lichte besehen, gehört es in das Gebiet des Erstaunlichen und ist ein kleines Fest der Abweichung der Natur von sich selbst, die Leugnung des Widerwillens des Fremden gegen das Fremde, die Spur der heimlich allgegenwärtigen Liebe.

Diese gewählten Worte zum Thema Liebe läßt der Schriftsteller Thomas Mann in seinem Roman »Die Bekenntnisse des Hochstaplers Felix Krull« den Titelhelden zu einem jungen, schönen portugiesischen Mädchen namens Zouzou sagen.

Die Not lehrt denken

Schon allein die Tatsache, daß Philosophie »Liebe« zum Wissen bedeutet und nicht Verwaltung, Eroberung oder Beherrschung des Wissens, könnte einem Philosophie schon sympathisch machen. Hit dem Wort »Liebe« wird doch das schönste Gefühl angesprochen, das Menschen füreinander

Albrecht Dürer,
Adam und Eva,
1504

(Eltern, Kinder, Frau, Freund/-in, Mann/Frau, Feind) oder für eine »Sache« wie Natur, Vaterland, Gott, Musik usw. haben. Damit verbunden ist immer auch eine besondere Wertschätzung des Geliebten bzw. die entsprechend liebevolle Zuneigung oder Hinwendung zum dem, was wir lieben.

Wer liebt, ist grenzenlos engagiert und mit ganzem Herzen bei der »Sache«. Und deshalb leidet er auch so sehr, wenn sich das Geliebte entfernt, Schaden erleidet oder seine Gefühle – seien sie nun sinnlicher oder/und geistiger Natur – nicht auf entsprechende Gegenliebe stoßen.

Aber warum lieben wir überhaupt? Und warum und wie das Wissen? Die Antwort darauf ist so »einfach« wie das Leben: weil bestimmte Menschen, Situationen oder Dinge angenehm schöne Gefühle in uns auslösen; und weil wir uns selbst nicht genug sind. Das gilt auch für das Wissen und läßt sich schon bei der Lust zum Schauen beobachten. Dies ist zugleich aber auch lebensnotwendig und wird, was die körperliche Liebe oder das sexuelle Verlangen betrifft, von der Natur automatisch unterstützt.

Insofern kann man sagen, daß es die Not ist, die denken lehrt bzw. Liebe zum Wissen entwickelt. Doch das Erreichte stellt nicht zufrieden. Im Gegenteil, es verlangt nach Steigerung. Damit wächst die Gefahr, enttäuscht zu werden. Denn jedes erworbene Wissen kann uns Anlaß zu neuen Fragen geben, weil man erst dann sieht, was man noch alles nicht erkannt hat. Und: Je mehr man weiß, um so mehr Probleme kennt man. Deshalb hier die Warnung: Je größer die Insel des Wissens, um so länger die Küste der Verzweiflung!

Aber können wir überhaupt noch zurück in den Stand kindlicher Unschuld und Unwissenheit, wenn wir einmal vom Baum der Erkenntnis gegessen haben?

Der Mann,
der nichts mehr wissen wollte

»Ich will nichts mehr wissen«, sagte der Mann, der nichts mehr wissen wollte. Der Mann, der nichts mehr wissen wollte, sagte: »Ich will nichts mehr wissen.« Das ist schnell gesagt.

Und schon läutete das Telefon.

Und anstatt das Kabel aus der Wand zu reißen, was er hätte tun sollen, weil er nichts mehr wissen wollte, nahm er den Hörer ab und sagte seinen Namen.

»Guten Tag«, sagte der andere.

Und der Mann sagte auch: »Guten Tag.«

»Es ist schönes Wetter heute«, sagte der andere.

Und der Mann sagte nicht: »Ich will das nicht wissen«, er sagte sogar: »Ja sicher, es ist schönes Wetter heute.«

Und dann sagte der andere noch etwas.

Und dann sagte der Mann noch etwas.

Und dann legte er den Hörer auf die Gabel, und er ärgerte sich sehr, weil er jetzt wußte, daß es schönes Wetter ist.

Und jetzt riß er doch das Kabel aus der Wand und rief: »Ich will auch das nicht wissen, und ich will es vergessen.«

Das ist schnell gesagt. Das ist schnell gesagt.

Denn durch das Fenster schien die Sonne, und wenn die Sonne durch das Fenster scheint, weiß man, daß schönes Wetter ist.

Der Mann schloß die Läden, aber nun schien die Sonne durch die Ritzen. Der Mann holte Papier und verklebte die Fensterscheiben und saß im Dunkeln.

Und so saß er lange Zeit, und seine Frau kam und sah die verklebten Fenster und erschrak. Sie fragte: »Was soll das?«

»Das soll die Sonne abhalten«, sagte der Mann.

»Dann hast du kein Licht«, sagte die Frau.

«Das ist ein Nachteil«, sagte der Mann, »aber es ist besser so, denn wenn ich keine Sonne habe, habe ich zwar kein Licht, aber ich weiß dann wenigstens nicht, daß schönes Wetter ist.
»Was hast du gegen schönes Wetter?« sagte die Frau, »schönes Wetter macht froh.«
»Ich habe«, sagte der Mann, »nichts gegen das schöne Wetter, ich habe überhaupt nichts gegen das Wetter. Ich will nur nicht wissen, wie es ist.«
»Dann dreh wenigstens das Licht an«, sagte die Frau, und sie wollte es andrehen, aber der Mann riß die Lampe von der Decke und sagte: »Ich will auch das nicht mehr wissen, ich will auch nicht mehr wissen, daß man das Licht andrehen kann.« Da weinte seine Frau. Und der Mann sagte: »Ich will nämlich gar nichts mehr wissen.«
Und weil die Frau das nicht begreifen konnte, weinte sie nicht mehr und ließ ihren Mann im Dunkeln. Und da blieb er sehr lange Zeit.
Und die Leute, die zu Besuch kamen, fragten die Frau nach ihrem Mann, und die Frau erklärte ihnen: »Das ist nämlich so, er sitzt nämlich im Dunkeln und will nämlich nichts mehr wissen.«
»Was will er nicht mehr wissen?« fragten die Leute, und die Frau sagte: »Nichts, gar nichts mehr will er wissen. Er will nicht mehr wissen, was er sieht, nämlich wie das Wetter ist. Er will nicht mehr wissen, was er hört – nämlich was die Leute sagen. Und er will nicht mehr wissen, was er weiß – nämlich wie man das Licht andreht. So ist das nämlich«, sagte die Frau.
»Ah, so ist das«, sagten die Leute, und sie kamen nicht mehr zu Besuch.

Und der Mann saß im Dunkeln. Und seine Frau brachte ihm das Essen.
Und sie fragte: »Was weißt du nicht mehr?«
Und er sagte: »Ich weiß noch alles«, und er war sehr traurig, weil er noch alles wußte.
Da versuchte seine Frau ihn zu trösten und sagte: »Aber du weißt doch nicht, wie das Wetter ist.«
»Wie es ist, weiß ich nicht«, sagte der Mann, »aber ich weiß immer noch, wie es sein kann. Ich erinnere mich noch an Regentage, und ich erinnere mich an sonnige Tage.«
»Du wirst es vergessen«, sagte die Frau.
Und der Mann sagte: »Das ist schnell gesagt. Das ist schnell gesagt.«
Und er blieb im Dunkeln, und seine Frau brachte ihm täglich das Essen, und der Mann schaute auf den Teller und sagte: »Ich weiß, daß das Kartoffeln sind, ich weiß, daß das Fleisch ist, und ich kenne den Blumenkohl; und es nützt alles nichts, ich werde immer alles wissen. Und jedes Wort, das ich sage, weiß ich.«
Und als seine Frau ihn das nächste Mal fragte: »Was weißt du noch?«, da sagte er: »Ich weiß viel mehr als vorher, weiß nicht nur, wie schönes Wetter und wie schlechtes Wetter ist, ich weiß jetzt auch, wie das ist, wenn kein Wetter ist. Und ich weiß, daß, wenn es ganz dunkel ist, daß es dann immer noch nicht dunkel genug ist.«
»Es gibt aber Dinge, die du nicht weißt«, sagte seine Frau und wollte gehen, und als er sie zurückhielt, sagte sie: »Du weißt nämlich nicht, wie ›schönes Wetter‹ auf chinesisch heißt«, und sie ging und schloß die Tür hinter sich.
Da begann der Mann, der nichts mehr wissen wollte, nachzudenken. Er konnte wirklich kein Chinesisch, und es nütz-

te ihm nichts, zu sagen: »Ich will auch das nicht mehr wissen«, weil er es ja noch gar nicht wußte.
»Ich muß zuerst wissen, was ich nicht wissen will«, rief der Mann und riß das Fenster auf und öffnete die Läden, und vor dem Fenster regnete es, und er schaute in den Regen. Dann ging er in die Stadt, um sich Bücher zu kaufen über das Chinesische, und er kam zurück und saß wochenlang hinter diesen Büchern und malte chinesische Schriftzeichen aufs Papier. Und wenn die Leute zu Besuch kamen und die Frau nach ihrem Mann fragten, sagte sie: »Das ist nämlich so, er lernt nämlich jetzt Chinesisch, so ist das nämlich.« Und die Leute kamen nicht mehr zu Besuch.
Es dauert aber Monate und Jahre, bis man das Chinesische kann, und als er es endlich konnte, sagte er: »Ich weiß aber immer noch nicht genug. Ich muß alles wissen. Dann erst kann ich sagen, daß ich das alles nicht mehr wissen will. Ich muß wissen, wie der Wein schmeckt, wie der schlechte schmeckt und wie der gute. Und wenn ich Kartoffeln esse, muß ich wissen, wie man sie anpflanzt. Und muß wissen, wie der Mond aussieht, denn wenn ich ihn sehe, weiß ich noch lange nicht, wie er aussieht, und ich muß wissen, wie man ihn erreicht. Und die Namen der Tiere muß ich wissen und wie sie aussehen und was sie tun und wo sie leben.«
Und er kaufte sich ein Buch über die Kaninchen und ein Buch über die Hühner und ein Buch über die Tiere im Wald und eines über die Insekten.
Und dann kaufte er sich ein Buch über das Panzernashorn. Und das Panzernashorn fand er schön.
Er ging in den Zoo und fand es da, und es stand in einem großen Gehege und bewegte sich nicht.
Und der Mann sah genau, wie das Panzernashorn versuch-

te zu denken und versuchte, etwas zu wissen, und er sah, wie sehr ihm das Mühe machte. Und jedesmal, wenn dem Panzernashorn etwas einfiel, rannte es los vor Freude, drehte zwei, drei Runden im Gehege und vergaß dabei, was ihm eingefallen war, und blieb dann lange stehen – eine Stunde, zwei Stunden – und rannte, wenn es ihm einfiel, wieder los. Und weil es immer ein kleines bißchen zu früh losrannte, fiel ihm eigentlich gar nichts ein.

»Ein Panzernashorn möchte ich sein«, sagte der Mann, »aber dazu ist es jetzt wohl zu spät.«

Dann ging er nach Hause und dachte an sein Nashorn.

Und er sprach von nichts anderem mehr.

»Mein Panzernashorn«, sagte er, »denkt zu langsam und rennt zu früh los, und das ist recht so«, und er vergaß dabei, was er alles wissen wollte, um es nicht mehr wissen zu wollen. Und er führte sein Leben weiter wie vorher. Nur, daß er jetzt noch Chinesisch konnte.

Peter Bichsel

Albrecht Dürer, Das Rhinozeros, 1515

Der erste Philosoph

Der erste Mann, den wir heute einen Philosophen nennen, lebte etwa 625 bis 545 vor Christus in Milet, der mächtigsten und reichsten unter den ionischen Städten Kleinasiens. Er hieß *Thales*. Von seinem Leben wissen wir nicht sehr viel, nur daß er einige Reisen unternahm, die ihn bis nach Ägypten führten.

Aristoteles, selber ein berühmter griechischer Philosoph (er lebte etwa 300 Jahre später als Thales), stellt ihn als einen klugen, fast möchte man sagen: gerissenen Geschäftsmann dar. Als Thales nämlich eines Tages bemerkte, daß die nächste Olivenernte besonders reichlich zu werden versprach, kaufte er schnell sämtliche Ölpressen der Umgebung auf und vermietete sie nach der Ernte zu einem hohen Zins weiter. Ob diese Geschichte stimmt, ist freilich unsicher.

Gewiß dagegen ist, daß Thales sich mit politischen Dingen befaßte und sich später dem Studium der Mathematik und der Astronomie zuwandte.

In diesem Zusammenhang wird von ihm eine »echt philosophische« Begebenheit berichtet:
Als er nämlich die Sterne beobachten wollte und dabei nach oben blickte, fiel er in einen Brunnen. Eine witzige Magd soll ihn daraufhin mit den Worten verspottet haben, er wolle wissen, was am Himmel ist, es bleibe ihm aber verborgen, was vor ihm und seinen Füßen liege. Der Philosoph im Brunnen ist allerdings eine kuriose Erscheinung.

Ähnlich seltsam ist auch eine andere Geschichte, die man sich von ihm erzählt: Auf die Frage, warum er denn keine Kinder haben wolle, soll er geantwortet haben: »Aus Liebe zu ihnen.«

Thales interessierte vorrangig die Frage, was denn die Dinge um ihn herum in *Wahrheit* seien. Was der Anfang und der Ursprung von allem ist.
Seine Antwort darauf, die er nach langen Überlegungen fand: Das *Wasser* ist der Ursprung von allem!

Geburtsakt der Philosophie

Erschrocken staunt der Heide Schaf mich an,
als sähs in mir den ersten Menschenmann.
Sein Blick steckt an; wir stehen wie im Schlaf;
mir ist, ich sah zum ersten Mal ein Schaf.

Christian Morgenstern

Sein Blick steckt an

Woher all diese Fragen?

Was der deutsche Dichter Christian Morgenstern in seinem Vierzeiler »Geburtsakt der Philosophie« beschreibt, ist nicht der historische Anfang, sondern der immer wiederkehrende *Ursprung* allen Philosophierens. Er beantwortet damit die oft gestellte Frage, was denn Menschen wie Thales von Milet, aber auch alle anderen (Philosophen nach ihm) veranlaßt (hat), aus dem »Schlaf der Vernunft« zu erwachen.

Viele Menschen gehen mit all dem, was um sie herum passiert, so selbstverständlich um, als ob es keine Fragen gäbe. Und so ist es wohl auch jenem »Menschenmann« in Morgensterns Gedicht ergangen, als er zum x-ten Male durch die Heide lief. Er blickt nach oben: Ganz klar, der Himmel, und die Sonne scheint. Vor mir? Blöde Frage! Ein Weg, der an einer Wiese vorbeiführt, auf der Schafe weiden. Also weiter! Doch da passiert es: Zwei ihn befremdlich anblickende Schafsaugen ziehen plötzlich seinen Blick an – und lassen ihn staunen. Ihm ist wie einem Kind zumute, das zum ersten Mal ein Schaf sieht und dann die Frage stellt: Was ist das da eigentlich?

Der alte griechische Philosoph *Aristoteles* (384–322 v.Chr.) beschrieb diese Situation mit folgenden Worten:

»Denn die Verwunderung ist es, was die Menschen zum Philosophieren trieb: Sie wunderten sich zuerst über das ihnen aufstoßend Befremdliche, gingen dann allmählich weiter und fragten nach den Wandlungen des Mondes, der Sonne und der Entstehung des Alls.«

Das fragende Staunen ist und bleibt der »Motor« allen Wissen-Wollens und Forschens – natürlich nur so lange, wie er nicht »abgewürgt« wird. Und dies geschieht leider öfter, als man denkt.

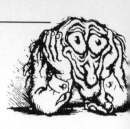

Für Kinder ist der fragende Blick auf die Wirklichkeit natürlich und lebensnotwendig. So und nur so lernen sie die Welt kennen.

Doch mit zunehmendem Alter, wenn sie die meisten Dinge um sie herum mit Namen »kennen«, läßt die Neugier nach – nicht zuletzt dank der Ungeduld und Besserwisserei vieler Erwachsener.

Das ist schade, denn viele Kinderfragen sind nicht nur interessant, sondern auch so schwierig, daß nicht einmal die Wissenschaftler und Philosophen der ganzen Welt sie beantworten könnten:

– Warum gibt es überhaupt irgend etwas?
– Warum soll man das Gute tun und nicht das Böse?
– Was ist dafür verantwortlich, daß alles stirbt und vergeht?
– Wer macht die Zeit?

Wenn Jugendliche im Alter von 11–13 Jahren beginnen, die kleine, »heile« Kinderwelt hinter sich zu lassen und die Zeit der Pubertät beginnt, stellen sie normalerweise sich, ihre Eltern und Lehrer, ja oft die ganze Welt in Frage. Denn mit zunehmendem Wissen und wachsender Selbständigkeit tritt an die Stelle des Glaubens der Zweifel. Das ist natürlich und wichtig, denn nur so können Menschen zu sich selbst finden. Nur durch das kritische Hinterfragen und Überprüfun-

Jeder Mensch –

gen von Tatsachen und Vorschriften kann man ein eigenes, tragfähiges Selbst- und Weltverständnis aufbauen.

Kleine Kinder glauben zum Beispiel fest daran, daß zu Weihnachten das Christkind oder der Weihnachtsmann kommt. Entdecken sie jedoch eines Tages, daß ihre Eltern in der Vorweihnachtszeit Geschenke im Kleiderschrank verstecken, beginnen sie, an diesem Glauben zu zweifeln. Und wenn dann genau diese Geschenke Heiligabend unterm Weihnachtsbaum liegen, haben sie die Gewißheit gewonnen, daß das Christkind nur ein schönes Märchen war.

Irgendwann taucht dann auch die Frage auf, ob es (den lieben) Gott überhaupt gibt, oder ob er auch nur eine schöne Erfindung der Erwachsenen ist. Und wenn es ihn gibt, warum läßt er dann all das Schreckliche und Böse zu?

Und wenn es Gott nicht geben sollte – sind wir dann alle vielleicht nur der Spielball eines blinden Schicksals? Oder sind wir letztlich nur das »Opfer« von biologischen Anlagen und unserer Erziehung? Aber was bin dann »ich«, und welchen Sinn hat mein Leben?

Diese letzte Fragen stellen sich viele Menschen vor allem aber auch angesichts ihres eigenen Todes, wenn sie auf ihr Leben zurückblicken:

»War das, was ich getan habe, auch alles richtig?
War es gut so oder ein einziger Irrtum?
Was kommt nach dem Tod?«

EIN PHILOSOPH?

Wie der einzelne Mensch, so hat auch die ganze Menschheit verschiedene Lebensphasen durchlaufen, die ihr immer wieder Anlaß zum Fragen gegeben haben.

In ihrer »Kindheit« – dem Altertum – standen die Menschen staunend und fragend vor vielen ihnen unbegreiflichen Naturereignissen. Und weil sie sie nicht erklären konnten, erfanden sie eine ganze Götterwelt, die Schutz und Sicherheit bot. Als sich dann durch die Entdeckungen der Naturwissenschaften herausstellte, daß die Erde nur ein kleiner Fixstern im unendlichen Universum ist, wurde der Glaube der Menschheit an Gott bzw. die Götter stark erschüttert. Atombomben, Gentechnik, Umweltzerstörung, Hunger, Kriege und andere Katastrophen lassen die Menschen heute trotz großer technischer Fortschritte an sich selber zweifeln.

Die Voraussetzungen dafür, daß jeder Mensch ein Philosoph werden kann, wären damit gegeben. Ob er es aber will und auch die Zeit zum Nachdenken hat, ist eine zweite Frage. Vielleicht auch eine Frage von Geld, Wohlstand und Bildung. Gerade in unserem schnellebigen Konsum- und Informationszeitalter dürfte es nicht einfacher geworden sein, das »Geschäft« der Philosophie zu betreiben.

Dennoch: Sinnvoll und wichtig wäre es schon, denn es geht der »Liebe zum Wissen« ja letztlich um die Grundfragen menschlichen Lebens. Und was könnte uns Schlimmeres passieren, als das eigene Leben zu versäumen, weil wir nicht wissen, wer wir sind.

Robert Crumb

Ein Loch

Ein Loch ist da, wo etwas nicht ist.
Das Loch ist ein ewiger Kompagnon des Nicht-Lochs: Loch allein kommt nicht vor, so leid es mir tut. Wäre überall etwas, dann gäbe es kein Loch, aber auch keine Philosophie und erst recht keine Religion, als welche aus dem Loch kommt. Die Maus könnte nicht leben ohne es, der Mensch auch nicht: Es ist beider letzte Rettung, wenn sie von der Materie bedrängt werden, Loch ist immer gut. (...)

Das Merkwürdigste an einem Loch ist der Rand. Er gehört noch zum Etwas, sieht aber beständig in das Nichts, eine Grenzwache der Materie. Das Nichts hat keine Grenzwache: Während den Molekülen am Rande eines Lochs schwindlig wird, weil sie in das Loch sehen, wird den Molekülen des Lochs... festlig? Dafür gibt es kein Wort. Denn unsere Sprache ist von den Etwas-Leuten gemacht; die Loch-Leute sprechen ihre eigne.
Das Loch ist statisch; Löcher auf Reisen gibt es nicht. Fast nicht. Löcher, die sich vermählen, werden ein Eines, einer der sonderbarsten Vorgänge unter denen, die sich nicht denken lassen.

Trenne die Scheidewand zwischen zwei Löchern: gehört darin der rechte Rand zum linken Loch? Oder der linke zum rechten? Oder jeder zu sich? Oder beide zu beiden?
Meine Sorgen möchte ich haben.

Wenn ein Loch zugestopft wird: wo bleibt es dann? Drückt es sich seitwärts in die Materie? Oder läuft es zu einem andren Loch, um ihm sein Leid zu klagen? – wo bleibt das zugestopfte Loch? Niemand weiß das: unser Wissen hat hier eines.

Wo ein Ding ist, kann kein andres sein. Wo schon ein Loch ist: kann da noch ein andres sein? Und warum gibt es keine halben Löcher? Größenwahnsinnige behaupten, das Loch sei etwas Negatives. (...)

Kurt Tucholsky

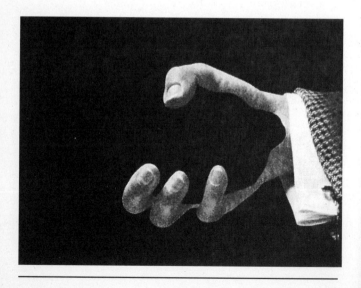

Wieso? Weshalb? Warum?

e.o. plauen

Jedes kleine Kind, das schon einmal die »Sesamstraße« gesehen hat, weiß ganz genau, was man tun muß, um Wissen zu erlangen:
»Wieso?   Weshalb?   Warum?
Wer nicht fragt, bleibt dumm.«
Dieses Rezept gilt nicht nur für jede Wissenschaft, sondern auch für die Philosophie. Aber so einfach, wie es aussieht, ist es gar nicht anzuwenden.
Denn: Fragen fallen nicht vom Himmel! Um sie überhaupt stellen zu können, braucht man schon ein entsprechendes *Vorwissen*.

Wer z.B. wissen möchte, wie spät es ist und deshalb jemanden nach der Uhrzeit fragt, muß doch zumindest schon eine Vorstellung davon haben, was Zeit ist und daß sie vergeht bzw. mit Hilfe von einer Uhr meßbar ist.

Und wer eine Autopanne hat, aber keine Ahnung von Technik, kann zwar »Wieso? Weshalb? Warum?« fragen, wird aber keine Antwort darauf bekommen. Um den Schaden erfolgreich beheben zu können, muß er wissen, wie ein Motor funktioniert, daß er Benzin braucht, um laufen zu können, einen Keilriemen, Vergaser usw. Erst dann kann eine entsprechend *präzise Frage* gestellt und mit Blick unter die Motorhaube (eventuell) beantwortet werden.

Aber das allein genügt auch noch nicht!

Tag für Tag begegnen uns Hunderte von Menschen und Dingen, die wir kennenlernen und erkennen könnten – vorausgesetzt sie würden uns *interessieren*. Wir alle wissen, was der Himmel ist und kennen die Farbe Blau. Aber stellen wir uns deshalb schon die Frage: Warum ist der Himmel eigentlich blau und nicht grün oder gelb?

Doch damit immer noch nicht genug.

Auch wenn das entsprechende Vorwissen und Interesse vorhanden ist und eine Frage präzise gestellt wurde, kann sie ohne Antwort bleiben. Man muß nämlich auch noch das Richtige oder den Richtigen *befragen*. Das ist auch der Grund dafür, warum die Polizei bei ihren Ermittlungen oft nicht weiterkommt. Sie weiß, daß ein Verbrechen beobachtet wurde, will den Tathergang wahrheitsgemäß rekonstruieren und stellt die Frage: Wer hat den Mörder gesehen? – doch der einzige Augenzeuge meldet sich nicht.

Mit ähnlichen Problemen haben auch viele Wissenschaftler ihr Leben lang zu kämpfen. Sie suchen nach der Lösung eines bestimmten Problems, wissen aber nicht, wie sie erfolgversprechend ansetzen und zu dem gesuchten Ergebnis finden können. Oft hilft dann nur noch der Zufall weiter. Wenn alles richtig zusammenpaßt: Vorwissen, Interesse, genaue Fragestellung, die entsprechend richtige zu befragende Person oder Sache gelangt man zu einer Antwort – und stößt damit gleichzeitig auf neue, bisher noch nicht geahnte Fragen und Probleme.

Das Frage-und-Antwort-Spiel beginnt dann wiederum von vorne.

Fragen
?

Auch aus nichts wird etwas.
Aber es muß in ihm zugleich angelegt sein.
So läßt sich keinem etwas geben,
was er nicht vorher hat.
Mindestens als Wunsch hat,
sonst wird das Gereichte nicht
als Geschenk empfunden.
Gefragt muß es gewesen sein,
wenn auch nur in einem dunklen Gefühl.
Nichts wirkt als Antwort,
was nicht vorher gefragt gewesen ist.
Daher bleibt soviel Helles ungesehen,
als wäre es nicht da.

Diese beiden kurzen Texte stammen von dem deutschen
Philosophen Ernst Bloch (1885–1977).
Sie stehen im »Zugang« zu
seinem Buch »Subjekt – Objekt« von 1962.

Selbst denken!

Wer sich nur dem Zug des Vorstellens überläßt, kommt nicht weit. Er sitzt nach kurzem in einer allgemeinen Gruppe von Redensarten fest, die sowohl blaß wie selber unbeweglich sind.

Die Katze fällt auf ihre Füße, aber der Mensch, der nicht denken gelernt hat, der aus den kurzen, den üblichen Verbindungen des Vorstellens nicht herauskommt, fällt ins ewig Gestrige.

Er wiederholt, was andere wiederholt haben, er treibt im Gänsemarsch der Phrase.

Denken dagegen, zum Unterschied vom ausgemachten Verlauf der Vorstellungen, beginnt sogleich als Selbstdenken.

Dieses ist bewegt wie der Mensch dahinter, der es betreibt. Es lernt, um zu wissen, wo wir uns befinden, es sammelt Wissen, um danach sein Verhalten einzurichten. Geschultes Selbstdenken nimmt nichts als fix und fertig hin, weder zurechtgemachte Fakten noch totgewordene Allgemeinheiten noch gar Schlagworte voll Leichengift. Es sieht sich und das Seine vielmehr im Fluß, es befindet sich wie ein Pionier an ständig vorrückenden Grenzen.

Das Lernen muß von seinem Stoff betroffen sein, denn alles Wissen muß sich für tüchtig halten, daß es im Werden lebt, die Krusten durchdringt.

Was beim Lernen sich passiv verhält und nur mit dem Kopf nickt, wird bald einschlafen. Was aber bei der Sache sich befindet, indem es mit der Sache geht, auf ihren unausgetretenen Wegen, wird mündig, kann endlich Freund und Feind unterscheiden, weiß, wo das Rechte sich anbahnt.

Trott am Gängelband ist bequem, aber energischer Begriff ist mutig, gehört zu Jugend und zu Männern.

SELBER DENKEN

Es ist natürlich und selbstverständlich, daß man, um wirklich etwas zu wissen, selbst fragen und über die gewonnen Antworten nachdenken muß.

Die Reparatur seiner Waschmaschine kann und soll man getrost einem Fachmann überlassen, das Denken besser nicht. Etwas vom bloßen Hören-Sagen zu kennen, sich auf die (Vor-)Urteile anderer zu verlassen, führt nur zu einer bloßen Meinung. Denn andere können mich täuschen wollen, mir Informationen verschweigen oder sich selbst irren. Wahrheit und Wissen sind deshalb auch keine Frage von Mehrheiten.

Millionen Menschen waren über Jahrhunderte hinweg ohne jeden Zweifel davon überzeugt, daß sich die Sonne um die Erde dreht. Doch erst als Männer wie Kopernikus und Galileo Galilei anfingen, der Sache wissenschaftlich auf den Grund zu gehen, stellte sich heraus, daß es in Wahrheit genau umgekehrt ist.

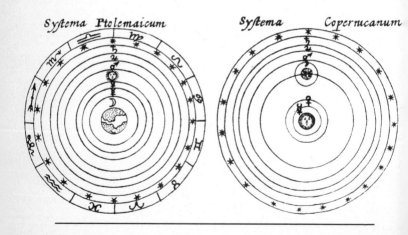

3
Regeln für das Philosophieren

Immanuel Kant (1724–1804)

Für alle Denker können folgende Grundsätze
zu unwandelbaren Geboten gemacht werden:

1. Selbst denken.
2. Sich in die Stelle jedes anderen denken.
3. Jederzeit mit sich selbst einstimmig denken.

Das *erste* Gebot ist das der zwangsfreien Denkungsart:
Auf keines Lehrers Worte zu schwören verpflichtet zu sein.
Das *zweite* Gebot ist das der liberalen Denkungsart:
sich mit den Vorstellungen anderer zu beschäftigen.
Das *dritte* Gebot betrifft die konsequente,
folgerichtige Denkungsart.
Die wichtigste Revolution in dem Innern des
Menschen ist:
Der Ausgang desselben aus
seiner selbstverschuldeten *Unmündigkeit*.
Statt, daß bis dahin andere für ihn dachten und er
bloß nachahmte, oder am Gängelbande sich leiten ließ,
wagt er es *jetzt*, mit eigenen Füßen auf dem Boden der
Erfahrung, wenn gleich noch wackelnd, fortzuschreiten.

VERSTÄNDLICH DENKEN

Etwas als wirklich und wahr erkannt zu haben bedeutet aber zugleich, es auch *anderen verständlich* machen zu können. Denn wenn etwas wirklich so ist, wie wir annehmen, muß es für jedermann begreifbar sein – sonst wäre es ja nicht wirklich, sondern nur eine Einbildung. Wissen kann demnach nicht eine persönliche Ansicht sein, sondern ist immer objektiv – also an einer »Sache« überprüfbar. Es sei denn, es soll aus bestimmten Gründen geheim bleiben.

Natürlich kann der Fall eintreten, daß andere von einer Wahrheit nichts wissen wollen, weil sie unangenehm ist oder nicht in ihr Konzept oder Weltbild paßt. Galileis Entdeckung, daß die Welt nicht im Mittelpunkt des Universums steht, ist dafür ein trauriges Beispiel. (Die römisch-katholische Kirche, die Galilei unter Androhung von Gewalt zum Widerruf seiner Lehre zwang, hat erst rund 350 Jahre später seine Entdeckungen als richtig anerkannt.)

Alle Wissenschaften leben vom öffentlichen Nachdenken und Sprechen über ihre Ergebnisse. Denn nur so besteht die Möglichkeit einer ständigen kritischen Überprüfung; und nur dadurch die Chance, ein tragfähiges Fundament für ein gemeinsames Weltbild zu finden.

FOLGERICHTIG DENKEN

Über eine Sache wirklich Bescheid zu wissen, heißt aber auch, beim Nachdenken darüber weder sich noch andere durch falsche Voraussetzungen oder Schlußfolgerungen zu betrügen. Jede Art von wissenschaftlicher Erkenntnis muß mit anderen Worten logisch sein. Wer zum Beispiel herausgefunden hat, daß alle Mäuse Nagetiere sind, kann daraus nicht ableiten, daß alle Nagetiere Mäuse sind.

Auch bei dem folgenden Schluß hat sich ein logischer Denkfehler eingeschlichen:

1. Behauptung: Alles, was ich nicht verloren habe, besitze ich noch.
2. Behauptung: Ich habe keine Kuhhörner verloren.
Schluß: Ich habe Kuhhörner!

Ob allerdings alles das, was wir als richtig erkennen, auch wirklich so ist, wie wir es erkennen und beschreiben, ist damit noch nicht bewiesen.

Der Künstler André Heller hat dieses Problem einmal sehr poetisch in folgende Worte gefaßt:

Die Wirklichkeit, die Wirklichkeit,
trägt wirklich ein Forellenkleid
und dreht sich stumm
nach anderen Wirklichkeiten um.

René Magritte, Das Liebeslied, 1948

Drei berühmte Fälle der
LOGIK

1. Nachdem ein Krokodil einer Mutter das einzige Kind geraubt hat, verspricht es der Mutter, ihr das Kind zurückzugeben, falls sie richtig errät, was das Krokodil mit dem geraubten Kind tun wird. Die Mutter überlegt einen Augenblick und sagt dann zu dem Krokodil: »Du wirst mir mein Kind nicht zurückgeben...«

Muß das Krokodil nach dieser Antwort der Mutter das Kind zurückgeben oder nicht? Die Mutter meint: Ja! Das Krokodil dagegen: Nein!

Wer von beiden hat recht?

2. Von einem Einwohner Kretas wird folgende Behauptung überliefert: Gegenüber einem Fremden soll er einmal gesagt haben: «Alle Kreter lügen!»

Der Fremde stutzte daraufhin mehrere Male und wußte nicht so recht, ob er diesem Kreter glauben könne.

Kann er es oder nicht?

3. Ein junger Mann schließt mit einem berühmten Rechtsgelehrten, bei dem er Unterricht nehmen will, folgenden Vertrag: Er, der junge Mann, zahlt dem Rechtsgelehrten im voraus das halbe Honorar; die zweite Hälfte aber erst dann, wenn er nach Absolvierung des Unterrichts einen Prozeß gewinnt. Sollte er aber wider alles Erwarten seinen ersten Prozeß verlieren, dann braucht er dem Rechtsgelehrten die zweite Hälfte nicht mehr zu bezahlen. Der Rechtsgelehrte geht auf diesen »Kuhhandel« ein, verklagt aber den jungen Mann einige Zeit später auf die Zahlung der zweiten Honorarhälfte, nachdem dieser zwar den Unterricht abgeschlossen hat, aber nicht bereit ist, irgendeinen Prozeß zu führen.

Vor dem Gericht entspinnt sich dann zwischen den beiden folgende Diskussion:

Der junge Mann: »Ich brauche die zweite Hälfte des Honorars auf *keinen* Fall zu bezahlen! Denn das ist ja mein *erster* Prozeß! Verliere ich ihn, bin ich ja gemäß unserer Abmachung von der Zahlung befreit. Gewinne ich ihn aber, so brauche ich auch nicht zu zahlen. Der Richter spricht mich ja gegen deine Zahlungsforderung frei!«

Der Rechtsgelehrte: »Du mußt in *jedem* Fall zahlen! Verlierst du nämlich, so mußt du laut dem Richterspruch – der Klage entsprechend – zahlen. Gewinnst du aber, so mußt du zahlen gemäß unserer Honorarvereinbarung!«

Wer von beiden hat recht?

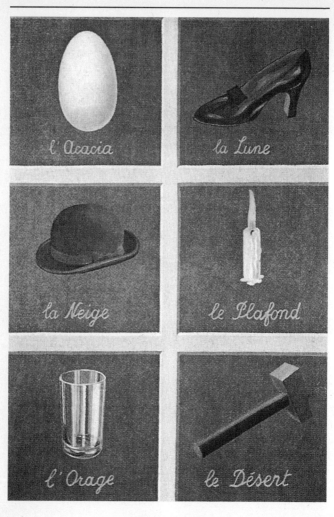

*René Magritte,
Der Schlüssel der Träume,
1930*

Ordnung muss sein!

Im Laufe eines einzigen Tages sehen wir Tausende von verschiedenen Bildern, hören die unterschiedlichsten Töne, berühren Holz, Metall, Kunststoffe, schmecken Süßes und Saures und riechen Angenehmes und Ungenehmes.

All das bliebe für uns ein buntes, unverständliches Chaos von Eindrücken, wenn wir diese nicht unterscheiden und mit Namen auseinanderhalten könnten.

Das ist weiter für uns kein Problem und funktioniert in der Regel ganz automatisch, weil wir von Kindesbeinen an langsam diese Welt so kennengelernt und begriffen haben.

Wäre es nicht so, würden wir völlig verwirrt in einer Ecke sitzen oder könnten vor lauter Staunen und Nachdenken darüber, was das denn alles sei, weder arbeiten, essen noch sonst Sinnvolles tun.

Wir kennen aber nicht nur die meisten Dinge und Menschen um uns herum, wir können sie auch in eine sinnvolle Beziehung zueinander setzen, sie bestimmten Lebensbereichen zuordnen und als positiv oder negativ bewerten:

- Jemanden zu belügen, ist etwas Schlechtes.
- Verkehrsampeln sind notwendig, um die Unfallgefahr zu verringern.
- Wasser muß, wenn es kochen soll, auf 100° C erhitzt werden.

Tiere und Pflanzen haben es in dieser Beziehung einfacher: Ihr Verhalten wird instinkthaft, das heißt automatisch richtig durch die Natur gesteuert.

Wir dagegen müssen lernen und wissen, was man essen und trinken kann, wie man es herstellt und lagert; was man tun soll, damit viele Menschen auf engem Raum friedlich miteinander umgehen können; was Schmerzen und was Vergnügen bereitet und vieles, vieles mehr.

So ist es!?

Gesetze, Sitten, Lebensweisheiten, eigene und fremde Erfahrungen, die Ergebnisse der Wissenschaften helfen uns bei der Beantwortung (lebens-)wichtiger Fragen.

Aber können sie uns auch eine Antwort auf die alles entscheidende Frage nach dem Sinn des Lebens geben? Können wir mit ihrer Hilfe all die (unzusammenhängenden) Kleinigkeiten und Erlebnisse des Alltags, all die Widersprüchlichkeiten menschlichen Lebens in einen sinnvollen und verständlichen Zusammenhang bringen?

Natürlich braucht man sich um solche Probleme nicht zu kümmern und kann ganz »einfach« so dahinleben. Aber wir haben dank unserer Vernunft auch die Möglichkeit, über *allgemeine* Lebenszusammenhänge und Wahrheiten nach-

Der Charakterkopf –

Gustl Wammerl,
der Dorfdepp von Hinterplötzlach

Günther George Wellmann,
der berühmte Entdecker der unbewußten Energie, ein Musterbeispiel des typisch geformten Charakterkopfes. Das scharfe Auge ist zielsicher auf den Grund der Dinge gerichtet, während die energische Nase außergewöhnliche Willenskraft dokumentiert. Die einfache Kurve des Mundes verrät den entschlossenen, ruhig in sich denkenden Wissenschaftler. Die hohe gutgeformte Stirn zeigt außer-gewöhnlichen Gedankenreichtum, während die energische Kinnpartie für Ausarbeitung der Gedanken bürgt, wie überhaupt der Gesamtbau des Schädels den ausgesprochen geistigen Menschen verrät. Besonders die scharfgelagerten Stirnfalten sind Kennzeichen des philosophischen Denkers.

Wurst-Maxe,
Ecke Friedrich- und Leipzigerstraße

zudenken, zum Beispiel über die Frage: Was ist eigentlich Gerechtigkeit?

Oder: Was unterscheidet den Menschen vom Tier? Und worin findet er am ehesten sein Glück?

Oder: Ist der Mensch von Natur aus ein geselliges Wesen? Und: Was an uns ist noch natürlich und was durch die Kultur verändert?

Auf all diese Grundfragen des Lebens sucht die Philosophie seit über 2000 Jahren eine Antwort zu finden. Und sie tut dies von Anfang an, indem sie sich *kritisch und genau* mit den vorgegebenen Antworten von Tradition, Religion und den Wissenschaften auseinandersetzt. Deshalb ist sie immer unbequem gewesen und für viele ein Ärgernis.

EIN VORURTEIL

Franz Hanke
Kellner »Zur fröhlichen Bierquelle«

Girgl Vierlinger
vom Sportklub im Habererbräu

Geldschrank-Paule
vom Sparverein »Macht auf das Tor«

Karl Arnold

Der Fall Sokrates

Im Jahre 399 vor Christus wurde der in Athen lebende Philosoph Sokrates im Alter von 70 Jahren vor ein öffentliches Gericht gestellt und von diesem zum Tode durch den Giftbecher verurteilt.

Die 501 durch Los bestimmten Richter und Geschworenen kamen zu der Überzeugung, daß Sokrates durch seine Philosophie Gotteslästerung betreibe bzw. nicht mehr an die antiken Götter glaube und mit seinem Tun die Jugend verderbe. Angeblich sollte er seinen Schülern Tricks und Kniffe beigebracht haben, mit deren Hilfe sie schlechte und schwache Argumente zu besseren verdrehen könnten. In seiner Verteidigungsrede, der sogenannten »Apologie«, weist Sokrates die Vorwürfe entschieden zurück und verlangt nicht nur seinen Freispruch, sondern auch die Speisung auf Staatskosten bis zu seinem natürlichen Tode. Er begründet dieses mit folgenden – von seinem Schüler Platon überlieferten – Worten:

Vielleicht möchte nun jemand fragen, aber Sokrates, was ist denn dein Tun? Woher kamen diese Verleumdungen gegen dich auf? (...) Ich habe, ihr Männer Athens, diesen Ruf durch nichts anderes erworben als durch eine Art Weisheit. – Was ist das aber für eine Art Weisheit? – Vielleicht ist sie die menschlichste Weisheit: (...) Wirklich weise, ihr Männer, mag der Gott[1] sein, und er mag in seinem Orakel[2] dies meinen: die menschliche Weisheit ist wenig wert oder nichts. (...) Und dies will er euch durch mich sagen: Der ist von euch, ihr Menschen, der Weiseste, der wie Sokrates erkannt hat, daß er in Wahrheit nichts wert ist, was Weisheit anbelangt. Darum wandere ich jetzt auch weiter herum, um im Auftrage des Gottes[1] zu suchen und zu spüren, unter Bürgern und Fremden, ob ich einen für weise halten kann, und wenn er es mir dann nicht scheint, so zeige ich ihm, (...), daß er nicht weise ist. (...)

Aus dieser Erprobung, ihr Athener, sind mir viele Feindschaften erwachsen, (...) so daß vielerlei Verleumdung davon ausging, und man verbreitete den Ruf, ich sei ein Weiser, denn es glauben jedesmal die Anwesenden, ich selbst sei darin weise, worin ich einen anderen erprobt.

Und solange ich atme und Kraft habe, werde ich nicht ablassen zu philosophieren (...). Tue ich doch nichts anderes als umherzugehen und euch, Junge und Alte, zu überreden, euch nicht um den Körper und die Schätze mehr oder auch nur ebenso eifrig zu sorgen, wie um die Seele, daß sie so gut wie möglich werde, indem ich sage, daß nicht aus dem Gelde Tüchtigkeit entsteht, sondern aus Tüchtigkeit Schätze und alle andern Güter der Menschen, in der Familie und im Staate. (...) Darum bin ich jetzt weit davon entfernt, mich um meiner selbst willen zu verteidigen, wie man wohl denken könnte, sondern um euretwillen, damit ihr euch nicht versündigt an eurem Gottesgeschenke[1] durch meine Verurteilung. Denn wenn ihr mich tötet, werdet ihr nicht leicht einen zweiten solchen finden, der sozusagen – wenn es auch etwas scherzhaft klingen mag – der Stadt vom Gotte[1] beigegeben ist, wie einem großen und edlen, wegen seiner Größe aber etwas trägem Rosse, das durch eine Bremse gereizt werden muß. So scheint mir, hat der Gott mich als eine solche der Stadt beigegeben, daß ich reize und überrede und schelte, einen jeden einzelnen, und nicht ablasse, den ganzen Tag euch überall zu bedrängen, (...) damit ihr nicht euer Leben verschlaft.

[1,2] *Der Hausgott Athens, Apollon, soll durch das Delphische Orakel geweissagt haben, daß Sokrates der Weiseste aller Menschen sei. Insofern betrachtet Sokrates sein Tun als philosophischen »Gottesdienst«.*

THEMEN DER PHILOSOPHIE

Der Wunsch und Wille des Philosophen ist es, die Wirklichkeit zu erkennen und zu erklären. Er will dies mit Hilfe seines Verstandes tun und so ehrlich, intensiv und genau – wie nur möglich.

Wenn man sich die Geschichte der Philosophie von der Antike bis zur Gegenwart ansieht, so zeigt sich, daß alle Philosophen ihre Denkarbeit als *Wissenschaft* verstanden haben. Aber als Wissenschaft von was?

Die Körperwelt wird doch bereits von der Physik, die Welt des Lebens von der Biologie, die des Fühlens und Wahrnehmens durch die Psychologie und die der Gesellschaft durch die Soziologie erforscht. Was bleibt da noch für die Philosophie übrig? Was ist ihr Wissensgebiet?

Die Antwort mag seltsam klingen, aber das Gebiet der Philosophie ist alles. Sie ist eine *Universalwissenschaft*. Sie befaßt sich mit denselben Gegenständen und Problemen wie die anderen Wissenschaften – nur: Was in den anderen Wissenschaften als selbstverständlich *vorausgesetzt* wird, das will die Philosophie genau wissen! Ihre Fragen fangen deshalb erst dort an, wo die anderen Wissenschaften aufhören zu fragen:

Alle Wissenschaften beschäftigen sich mit dem, was ist, war oder sein wird – die Philosophie fragt, was es denn bedeutet, daß wir sagen: etwas »ist« oder »ist nicht«.

Alle Wissenschaften wollen etwas erkennen – die Philosophie fragt, wie Erkenntnis überhaupt zustande kommt.

Die Naturwissenschaften untersuchen die Natur und ihre Gesetze – die Philosophie will wissen, was Natur – im Gegensatz zur Kultur – eigentlich ist.

Vernünftig denken heißt logisch denken – die Philosophie untersucht die Gesetze der Logik.

Politiker machen Gesetze für den Staat, die Juristen handeln nach ihnen, Sprachwissenschaftler untersuchen Wortschatz und Grammatik einer lebendigen oder toten Sprache, die Historiker die Geschichte, wir alle urteilen nach den Grundsätzen der Moral – die Philosophie fragt: Was unterscheidet ein Gesetz von einem Gebot oder einer Vorschrift? Was ist die Aufgabe des Staates? Ist er wichtiger als der einzelne Bürger? Wie funktioniert eigentlich die Sprache? Beschreibt sie nur die Welt, oder schafft sie eine bestimmte Weltsicht? Denken wir so, wie wir sprechen? Macht die Geschichte ständig Fortschrittte, oder ist sie wie die Jahreszeiten eine ewige Wiederkehr des Gleichen? Wann ist unser Handeln und Urteilen moralisch, und wie kann man Moral begründen?[1]

Logik
Die Fähigkeit, richtig und logisch zu denken, untersucht, wie der Name schon verrät, die Logik. Ausgehend von Urteilen aller Art, sucht sie nach allgemein gültigen Denkgesetzen, gegen die niemand verstoßen darf, wenn er sich nicht in Widersprüche verwickeln will. Können zum Beispiel zwei Aussagen, die sich zur gleichen Zeit auf den gleichen Gegenstand beziehen, zugleich wahr und falsch sein?

Erkenntnistheorie
Aus dem Streben nach Erkenntnis erwächst den Philosophen zunächst die Aufgabe zu prüfen, ob unsere Erkenntnisorgane – nämlich die fünf Sinne und der Verstand – uns überhaupt

---

[1]*Diese Überlegungen finden sich in ähnlicher Form bei Josef M. Bocheński, Wege zum philosophischen Denken, wieder.*

eine richtige Vorstellung von dem vermitteln können, was in uns und außerhalb von uns in der Welt vorgeht. Unter dem Namen Erkenntnistheorie möchte die Philosophie wissen, was die Quellen, der Umfang und die Grenzen der menschlichen Erkenntnis sind.

Wissenschaftstheorie

Die Wissenschaftstheorie setzt die Arbeit der Erkenntnistheorie fort und beschäftigt sich mit der Art und Weise, wie die unterschiedlichen Wissenschaften zu Erkenntnissen gelangen. Hierbei geht es vor allem darum zu klären, wann eine wissenschaftliche Erkenntnis als gesichert gelten darf und welche Voraussagen und Erklärungsmöglichkeiten sie erlaubt.

Ethik

Die Frage nach dem richtigen und guten Leben versucht die Ethik zu beantworten. Sie sucht dabei nach Grundsätzen und Regeln, nach denen sich alle Menschen richten können, wenn sie vor der Frage stehen: Was soll ich tun? Wie kann ich ein guter Mensch werden?

Metaphysik

Mit ganz besonders schwierigen und interessanten Problemen beschäftigt sich die *Metaphysik:* nämlich mit dem, was über (= griechisch: meta) die Natur (= griechisch: physis) und das, was wir beobachten können, hinausgeht. Sie will wissen, ob es einen Gott gibt, ob wir als Menschen wirklich frei sind, ob es ein Leben nach dem Tode gibt. Drei unlösbare Fragen, die die Menschen immer schon beschäftigt haben, weil von ihrer Beantwortung letztlich abhängt, welchen Sinn unser Leben hat.

M. C. Escher, Drei Kugeln II, Ausschnitt, 1946

Der deutsche Philosoph *Immanuel Kant* (1724–1804) hat alle Fragen der Philosophie in folgenden vier Grundfragen zusammengefaßt:

    1. Was kann ich wissen?
    2. Was soll ich tun?
    3. Was darf ich hoffen?
    4. Was ist der Mensch?

Die 4. Frage ist davon die wichtigste, denn wir – die Menschen – sind es ja, die die Welt mit unserem Kopf begreifen wollen.
Ihn in all seinen Tätigkeiten, Hoffnungen, Ängsten und Gedanken zu verstehen, ist die Aufgabe einer philosophischen Disziplin, die *Anthropologie* (Lehre vom Menschen) heißt.

BÜCHER, BÜCHER, BÜCHER

Wer (noch) mehr wissen will, was das eigentlich ist, die Philosophie, der kann sich in einem oder allen der folgenden dicken und dünnen Bücher darüber weiter informieren.

124 Seiten stark und verständlich geschrieben: »Wege zum philosophischen Denken. Einführung in die Grundbegriffe« von *Josef M. Bocheński*. Herder-Verlag, Freiburg.

Aus Frankreich kommt eine interessant und sehr attraktiv gestaltete Einführung in das philosophische Denken mit dem Titel »Philosophie für Einsteiger«. Auf rund 200 Seiten beschäftigt sich der Autor *Denis Huisman* mit den Themen Gott, Glück, Freiheit, Liebe, Erkenntnis, Kunst, Schönheit, Sprache und Tod. Rowohlt-Verlag, Reinbek bei Hamburg.

Arno Anzenbachers »Einführung in die Philosophie«, bei Herder Wien 1981 erstmals publiziert, ist eine systematische, übersichtlich angelegte Darstellung auf 364 Seiten.

Über »Die philosophische Hintertreppe« – so der Titel seines Buches – nähert sich *Wilhelm Weischedel* 34 großen Philosophen von der Antike bis zur Gegenwart. Seine Denkerporträts sind gut verständlich geschrieben und informieren kurz über die Hauptgedanken so berühmter Philosophen wie Sokrates, Augustinus, Kant, Hegel, Nietzsche u.a. Deutscher-Taschenbuch-Verlag.

Wie sehen Sie das?

	⊗
Man öffnet die Augen, und die Welt ist da.	◯ ◯ Ja Nein
Damit man etwas wahrnehmen kann, müssen zwei Voraussetzungen erfüllt sein: – Man braucht sehtüchtige Augen. – Es muß etwas geben, was man wahrnehmen kann.	◯ ◯ Ja Nein
Die Wahrnehmung beginnt und endet mit dem Wahrnehmungsreiz. Das heißt: Es wird nur wahrgenommen, was vorhanden ist und solange etwas vorhanden ist.	◯ ◯ Ja Nein
Die Wahrnehmung der Sehdinge geschieht spontan, ohne unser Zutun.	◯ ◯ Ja Nein
Die eigene Wahrnehmung entspricht der objektiv vorliegenden Situation.	◯ ◯ Ja Nein
Die Wahrnehmungen, die verschiedene Menschen am gleichen Wahrnehmungs- objekt machen, entsprechen sich weitge- hend.	◯ ◯ Ja Nein

Auch wenn es zunächst ganz unwahrscheinlich klingen mag: – Alle aufgestellten Behauptungen sind falsch! Warum das so ist – philosophischer oder erkenntnistheoretischer Sicht –, erfährt der Leser auf den folgenden Seiten.

»Sokrates ist mir lieb,
aber lieber noch
ist mir die Wahrheit!«

»Wovon man nicht sprechen kann,
darüber muß man schweigen.«

»Ich denke, also bin ich.«

»Der Mensch ist das Maß aller Dinge!«

»Ich weiß, daß ich nichts weiß.«

»Der Körper ist das »Wenn ich denke,
Gefängnis der Seele!« daß ich nicht mehr an dich denke,
denke ich immer noch an dich.
So will ich denn versuchen,
»Ein Tisch nicht zu denken,
ist kein Tisch!« daß ich nicht mehr an dich denke.«
Zen-Ausspruch

M. C. Escher, Belvedere, 1958

Ein Tisch... ist kein Tisch

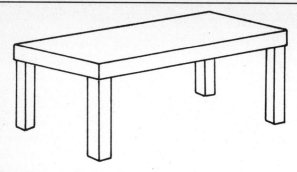

Wie schon so oft sitze ich auch in diesem Augenblick wieder an meinem Schreibtisch. Vor und neben mir liegen Bücher, Schmierzettel, Bleistifte und noch jede Menge anderer Krimskrams. Und wenn ich jetzt aus dem Fenster blicke, sehe ich auf der anderen Straßenseite Bäume, am Himmel Wolken und die Sonne. Ich glaube, daß diese Sonne etwa 150 Millionen Kilometer von mir und der Erde entfernt ist und daß sie dank der Erdumdrehung jeden Morgen auf- und jeden Abend wieder untergeht. Und ebenso glaube ich, daß jeder andere Mensch, der in diesem Moment in mein Zimmer käme, all das genauso sehen würde wie ich jetzt.
Es lohnt sich eigentlich kaum, dies alles so ausdrücklich zu betonen, es sei denn, irgend jemand würde an meinem gesunden Menschenverstand zweifeln. Und selbst wenn – dann müßte *er* verrückt sein und nicht ich! Denn darüber besteht doch wohl kein Zweifel, daß ich jetzt vor meinem braunen Schreibtisch sitze, daß draußen die Sonne scheint und daß die Bäume auf der gegenüberliegenden Straßenseite grün sind.
Oder etwa doch? – Ausgeschlossen, denn ich sehe doch trotz meiner Brille ganz genau, daß dieser Schreibtisch hier, vor dem ich im Augenblick sitze, rechteckig ist und eine brau-

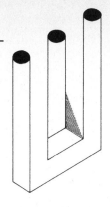

ne, hellglänzende Oberfläche hat. Wenn ich ihn mit meiner Hand berühre, fühlt er sich glatt, kühl und hart an. Und das müßte auch jeder andere bestätigen, der ihn sorgfältig betrachtet.

Aber halt! Eben bemerke ich, daß mein Tisch *nicht* überall gleich braun aussieht. Stellen, die das Sonnenlicht reflektieren, erscheinen heller als die übrige Tischfläche. Und wenn ich jetzt aufstehe und um meinen Tisch herumgehe, stelle ich fest, daß es immer wieder andere Stellen sind.

Aber was soll's, daß sich die Farbverteilung auf meinem Tisch je nach Betrachterstandpunkt und Lichtverhältnis ändert. Das mag für jemanden wichtig sein, der diesen Tisch malen will. Mir genügt es, daß ich an ihm arbeiten, lesen und schreiben kann.

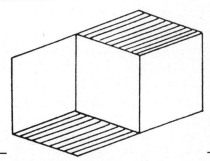

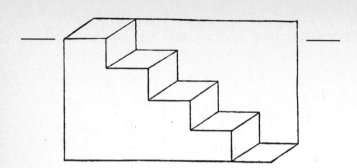

Trotzdem, interessant ist das doch!
Denn es würde ja letztlich bedeuten, daß jeder diesen braunen Schreibtisch etwas anders sieht – je nachdem, wo er gerade steht – und daß niemand mit letzter Sicherheit sagen kann, ob er nun *wirklich* braun ist oder nicht. Mal ganz abgesehen von solchen Leuten, die farbenblind sind oder stets eine blaugetönte Brille tragen. Die würden vermutlich noch behaupten, er sei grün oder grau.
Ist es vielleicht auch von Bedeutung, ob ich meinen Tisch bei Tag oder in der Nacht, bei künstlichem oder bei Sonnenlicht betrachte? Und sind diese Farben, die man dann wahrnimmt, nicht *genauso* wirklich wie das, was ich im Augenblick sehe? Wenn das alles stimmt, bin ich vielleicht die ganzen Jahre einem Irrtum aufgesessen und besitze gar keinen braunen Schreibtisch!
Seltsam, das mir vorhin noch so sonnenklar und unbezweifelbar erschien, hat sich bei genauerem Hinsehen und einigem Nachdenken als ganz schön fragwürdig herausgestellt.
Um wieder auf meinen Tisch zurückzukommen: Wie steht es denn mit seinen anderen Eigenschaften? Lösen die sich etwa auch in »Nichts« auf, wenn ich sie genauer untersuche? Oder galt das nur für die Farbigkeit?

Wenn ich zum Beispiel jetzt die *Oberfläche* meines Schreibtisches betrachte, habe ich den Eindruck, sie sei eben und glatt. Was aber, wenn ich ein Mikroskop zur Hand nähme, das verschieden starke Objektive besitzt? Sähe dann mein Tisch immer noch glatt und eben aus oder eher holprig und uneben? Ich würde mit Sicherheit viele Erhöhungen und Vertiefungen bemerken, die mir jetzt verborgen bleiben. Dürfte ich demnach noch immer behaupten: Mein Tisch *ist* glatt und eben? Wohl kaum! Ich muß ehrlicherweise zugeben, daß er mir, mit bloßem Auge betrachtet, so *erscheint*.

Mit der *Form* meines Tisches ist es auch nicht viel besser bestellt. Bis jetzt habe ich immer gedankenlos gesagt, er sei rechteckig. Doch wenn ich ihn mir jetzt von allen Seiten betrachte, zeigt er sich mir alles andere als rechteckig. Stehe ich vor ihm, so scheint seine Rückseite viel kürzer als die Vorderseite zu sein, und von hinten her betrachtet ist es ge-

René Magritte, *(Das ist keine Pfeife.) Der Verrat der Bilder,* 1928/29

nau umgekehrt. Offensichtlich hat seine Platte auch nicht vier rechte Winkel, sondern zwei stumpfe und zwei spitze. Und trete ich gar einige Meter von ihm weg, so laufen seine beiden Seiten in einem Punkt zusammen. Seine rechteckige Gestalt kann ich also in Wirklichkeit *niemals* genau *sehen*. Ich muß von dem, was ich wahrnehme, auf sie *schließen*. Denn das, was ich sehe, verändert ja andauernd seine Form, während ich mich durch den Raum bewege, so daß meine Sinne mir nichts über das *wahre* und *wirkliche* Aussehen meines Schreibtischs verraten.
Normalerweise bemerkt man all dies nicht, wenn man einen Tisch betrachtet. Wir haben nämlich gelernt, uns seine »wirkliche« Gestalt, seine »wirkliche« Farbe und Oberfläche aus dem zu »konstruieren«, was wir von ihm wahrnehmen. Und wie unsere Erfahrung beweist, klappt das in der Regel ganz gut.

Fazit:

Es hat sich gezeigt, daß ein ganz gewöhnlicher Tisch, der uns bisher keinen Anlaß zum Nachdenken begeben hat, durch eine überraschende Beobachtung – seine Farbe wechselt je nach Betrachter, Standpunkt und Beleuchtung – zu einem *Problem* geworden ist. Was wir mit unseren Augen, Ohren und Händen wahrnehmen, ist nicht ohne weiteres die wirkliche, wahre Gestalt des Tisches.
Daß es unseren Tisch wirklich gibt, daran besteht zunächst kein Zweifel, aber *was* und *wie* er wirklich *ist*, wissen wir nicht. Denn wir müssen ehrlicherweise zugeben, daß er uns immer wieder anders *erscheint*. Und wenn wir in der Vergangenheit etwas von ihm als wirklich und wahr behauptet haben, so haben wir uns dabei offensichtlich auf eine

»Normal*konstruktion*« berufen. Das heißt auf Eigenschaften dieses Tisches, wie er einem normalen Beobachter von einem normalen Blickpunkt aus bei normaler Beleuchtung erscheint.

Dennoch konnten und können wir mit unserem Tisch *praktisch* umgehen: ihn verrücken, ihn anmalen, etwas auf ihm ablegen usw. Er erfüllt voll und ganz seinen Zweck, für den er gebaut wurde. Und unser bisheriges »Wissen« von ihm reichte bis jetzt immer aus, ihn nach unserem Willen zu benutzen.

Aber wie steht es mit all den anderen Gegenständen und auch Menschen um uns herum, nachdem wir erkannt haben, daß uns unsere Sinne nicht *unmittelbar* ihr wahres und wirkliches Aussehen zeigen? Kann man diesen einmal geweckten Zweifel, der doch von ganz Bedeutung zu sein scheint, einfach wieder vergessen und so tun, als hätten wir ihn nie gehabt? Oder ist es nicht gerade umgekehrt so, daß man es jetzt aber *wirklich* wissen will, was und wie die Dinge, die wir wahrnehmen und mit denen wir leben, in *Wahrheit* sind?!

Die meisten der hier vorgetragenen Gedanken über einen ganz normalen Tisch stammen von dem englischen Philosophen Bertrand Russel (1872–1970). Wie er sie weiterführt, kann in seinem Buch »Probleme der Philosophie«, Frankfurt a. M. 1973 ff. nachgelesen werden.

Alte Fragen ohne Antwort

Mit den soeben gestellten Fragen zum wirklichen Aussehen eines ganz normalen Tisches sind wir auf ein Problem gestoßen, das die gesamte abendländische Philosophie seit etwa 2500 Jahren immer wieder beschäftigt.

Ein kurzer Ausschnitt aus einem Gespräch zwischen dem altgriechischen Philosophen Sokrates (469–399 v.Chr.) und seinem Schüler Theaitet soll dafür als Beleg dienen:

Sokrates: Theaitet, versuche also noch einmal, von Anfang an, zu sagen, was das heißt: »etwas erkennen«!

Theaitet: Mir scheint, etwas zu erkennen ist dasselbe wie etwas sehen und wahrnehmen.

Sokrates: Gut, laß uns also gemeinsam untersuchen, ob das stimmt, was du sagst. Etwas wahrnehmen ist dasselbe wie es wirklich erkennen, sagst du?

Theaitet: Jawohl!

Sokrates: Dann mußt du aber auch zugestehen: wie eine Sache mir erscheint, so ist sie mir auch; und wie sie dir erscheint, so ist sie dir.

Raffael, Die Schule von Athen – Sokrates im Gespräch, 1509–1511

Theaitet: Das verstehe ich nicht ganz. Wie meinst du das, Sokrates?
Sokrates: Ganz einfach: wenn draußen ein Wind weht und es mich dabei friert – so ist dieser Wind für mich kalt. Und wenn dich dabei nicht friert – so ist derselbe Wind für dich warm.
Theaitet: So ist es richtig.
Sokrates: Sollen wir nun in diesem Fall sagen, es habe ein warmer oder ein kalter Wind geweht?
Theaitet: Dem Frierenden ein kalter, und dem Nichtfrierenden ein warmer.
Sokrates: Zugestanden, aber es war doch derselbe Wind, den beide spürten! War er nun in Wirklichkeit kalt oder nicht?

Dieses Gespräch zwischen Sokrates und Theaitet ist uns von einem anderen Schüler dieses berühmten griechischen Philosophen, Platon, in dessen Dialog »Theaitet« überliefert.

SCHATTEN

Sebastian Raulf

In dem Buch »Der Staat« oder »Über das Gerechte«[1] kommt Sokrates noch einmal auf das Problem der wahren Erkenntnis zu sprechen – und zwar in Form eines Gleichnisses:
Sokrates: Den Unterschied unseres Seelenzustandes, wenn ihr Geist gebildet ist oder nicht, verdeutliche dir an folgendem Gleichnis: Stelle dir Menschen vor in einer unterirdischen höhlenartigen Wohnstätte, die in ihrer ganzen Ausdehnung einen zur Tageswelt sich hinerstreckenden Zugang besitzt. Dort unten seien sie von Kindheit ab gefesselt an Hals und Schenkeln; so daß sie auf dem gleichen Flecke verharren und gerade vor sich hinschauen müssen, weil sie wegen der Fesseln ihren Kopf nicht drehen können. Licht erhalten sie von einem Feuer, welches von obenher rückwärts von ihnen brennt. Zwischen dem Feuer und den Gefangenen führt oben ein Weg, längs dessen eine Mauer steht, ähnlich den Schranken, wie sie Puppenspieler vor den Zuschauern aufrichten, um oberhalb derselben ihre Künste zu zeigen.
Stelle dir nun auch noch weiter vor, daß längs dieser Mauer Leute allerlei Gefäße vorübertragen, die über die Mauer hinausragen und Statuen und andere Bildwerke aus Stein und

---

[1] *Auch dieses Werk stammt von Platon, der hier – wie so oft – seinen Lehrer Sokrates das aussprechen läßt, was er selbst denkt.*

AN DER WAND

Holz und von allerlei Art. Einige von ihnen reden natürlich im Vorüberschreiten, andere schweigen.

Glaukon: Ein seltsames Gleichnis stellst du mir da vor und von sonderbaren Gefangenen.

Sokrates: Und doch sind sie uns ganz ähnlich! Denn kannst du dir vorstellen, daß solche Gefesselten von sich selbst und voneinander etwas anderes zu Gesicht bekommen als die Schatten, welche der Feuerschein auf die ihnen gegenüberliegende Höhlenwand wirft? Und verhält es sich bezüglich der vorübergetragenen Gegenstände nicht auch so?

Glaukon: Wie könnte das anders sein?

Sokrates: Wenn sie nun miteinander reden könnten, glaubst du nicht, daß sie dann die vorübergetragenen Gegenstände mit Namen benennen würden, so wie sie dieselben vor sich sehen? Und wie nun, wenn ihr Kerker einen Widerhall von der Rückwand hätte und einer der Vorüberschreitenden spräche, würden sie dann diesen Wortlaut jemand anderen in den Mund legen als dem eben vorüberziehenden Schatten?

Glaukon: Nein, beim Zeus!

Sokrates: Würden solche Menschen nichts anderes für wahr halten als die so hergestellten Schatten?

Glaukon: Ganz notwendigerweise.

Sokrates: Nun stelle dir ferner noch ihre Lösung und Heilung von solchen Fesseln und von solchem Unverstande vor, wenn ihnen folgendes widerfährt: Wenn einer von ihnen von den Fesseln befreit und genötigt würde, sogleich aufzuschauen und den Kopf umzudrehen und sich aufzumachen und nach dem Lichte hinzublicken, und wenn er nun bei all dem Schmerz empfände und geblendet vom Licht des Feuers zunächst jene Gegenstände nicht recht erkennen könnte, die da hinter der Mauer vorbeigetragen werden und von denen

er zuvor nur die Schatten gesehen hatte: Was meinst du wohl, würde ein solcher sagen, wenn ihm einer versicherte, damals habe er lauter Nichtigkeiten gesehen, jetzt aber, dem Wirklichen zugewendet, sähe er richtiger? (...)
Und wenn man ihn nun mit Gewalt auf einem rauhen und steilen Pfad aufwärts schleppte und ihn nicht losließe, bis er an das Licht der Sonne käme, würde er dann nicht noch viel mehr Schmerzen erleiden und sich nur widerstrebend dahin schleppen lassen? Und wenn er dann im Lichte steht, dann wird er nichts erkennen können, von all dem, was ihm nun als das Wahre dargeboten wird.
Gewöhnung also wird er nötig haben, um die Dinge da oben wahrzunehmen, und zuerst würde er Schatten am leichtesten erkennen, danach die Spiegelbilder von Menschen und anderen Gegenständen im Wasser, dann erst diese selbst. Und entsprechend würde er leichter in der Nacht den Himmel und die Himmelserscheinungen betrachten und in das Licht des Mondes und der Sterne blicken als am Tage in die Sonne und ihr Licht.
Zuletzt aber wird er die Sonne selbst an ihrer eigenen Stelle wahrnehmen und zu betrachten imstande sein und nicht nur ihre Spiegelung im Wasser oder sonstwo. Und dann wird er den Schluß ziehen, daß sie es ist, die allen Zeitwandel und Jahresumlauf bewirkt und über allem waltet im sichtbaren Weltenraum und in gewissem Sinne schon von jenem, was in der Höhle sichtbar war, die Ursache darstellt.
Glaukon: Offenbar würde er schließlich zu dieser Einsicht gelangen. (...)
Sokrates: Dieses Gleichnis nun, lieber Glaukon, ist so zu verstehen: Die uns durch den Gesichtssinn erscheinende Welt mußt du gleichsetzen mit jener Wohnstätte der Gefes-

PLATONS
HÖHLENGLEICHNIS

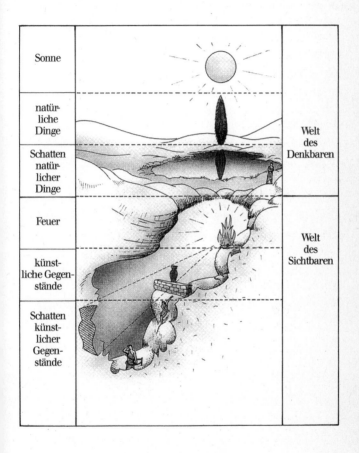

selten und den Lichtschein des Höhlenfeuers mit der Kraft der Sonne; und wenn du das Hinaufsteigen aus der Höhle und den Anblick der Dinge da oben verstehst als den Aufschwung der Seele in den Bereich der Einsicht, so wirst du meine Lehre richtig auffassen. (...) Zuletzt unter allem Erkennbaren und nur mit Mühe wird die Idee des Guten[1] erkannt; wenn man sie aber erschaut hat, wird man sehr schnell erkennen, daß sie der Urgrund alles Rechten und Guten ist. Wie sie im Reiche des Sichtbaren das Licht und die Sonne als dessen Ursprung erzeugt, so ist im Reiche des Denkbaren sie allein die Herrscherin, aus welcher Vernunft und Wahrheit hervorgeht. (...)

Unser Gleichnis macht klar, daß das Erkenntnisvermögen der Seele einem jeden schon innewohnt, und wie das Auge sich nur mit dem ganzen Körper zugleich aus der Finsternis zum Licht hinwenden kann, so kann die Erkenntniskraft nur mit der gesamten Seele zugleich von dem Wandelbaren hinweg geleitet werden, bis sie fähig wird, das Seiende anzuschauen und das Hellste unter allem Seienden (= Idee des Guten). (...)

So wäre denn Geistesbildung eine Kunst des Umlenkens, und zwar des leichtesten und wirksamsten Umlenkens, nicht aber eine Kunst, die das Sehvermögen erst einpflanzt; sondern dieses ist schon vorhanden und ist nur nicht richtig eingestellt und blickt nicht dorthin, wohin es schauen soll, und diesem Mangel gilt es abzuhelfen.

---

[1] *Die Idee des Guten ist die Vorstellung eines in jeder Hinsicht Vollkommenen. Sie ist deshalb auch zugleich der Inbegriff des Wahren und Schönen.*

Die drei Thesen des Gorgias

Gorgias von Leontinoi aus Sizilien (483–375 v. Chr.) kam im Jahre 427 mit einer Gesandtschaft nach Athen und war bald darauf als Redner und Gelehrter (»Sophist«) in aller Munde. Sein Gegner im Kampf um die Wahrheit – der Philosoph Platon – hat ihm eine eigene Schrift gewidmet, in der Gorgias freilich nicht gut wegkommt. Doch weder Platons Angriffe noch seine kaum zu überbietende skeptische Haltung gegenüber dem Leben haben den Denker aus Leontinoi daran hindern können, über 100 Jahre alt zu werden.

As time goes by

Das »Höhlengleichnis« war Platons Antwort auf die Frage, ob der Mensch zu wahrer Erkenntnis der Wirklichkeit fähig ist oder nicht. Er wollte damit die Ansicht seiner Gegner, der sog. »Sophisten« (zu deutsch: »Weisen«), widerlegen. Diese – allen voran ein gewisser Gorgias – stellten nämlich die Möglichkeit von wahrer Erkenntnis radikal in Frage.

Warum? Nun – jeder von uns kann Tag für Tag, ja Stunde für Stunde und manchmal sogar Sekunde für Sekunde beobachten, daß sich die Welt um uns herum verändert – und wir mit ihr: Die Zeit vergeht; die Sonne geht auf und unter, der Mond nimmt zu und ab; das Wetter ist ebenso unbeständig wie unsere Stimmungen; die Jahreszeiten kommen und gehen; neue Menschen und Tiere jeder Art werden geboren, andere sterben; und so weiter.

Bis »hinunter« in die Atome ist alles ständig in Bewegung, nichts bleibt (langfristig) so, wie es ist. Was ist aber dann der richtige Zeitpunkt oder Zeitraum, wo uns etwas so erscheint, wie es wirklich ist? Gibt es ihn überhaupt?

Ein Baum etwa wechselt im Laufe eines Jahres mehrfach sein Aussehen: Im Frühling ist er grün belaubt, im Sommer trägt er – je nach Baumart – Früchte, im Herbst verfärben sich seine Blätter, und im Winter streckt er schließlich nur noch seine kahlen Zweige zum Himmel. Zu welcher Jahreszeit, an welchem Tag des Jahres zeigt uns der Baum sein wahres Aussehen?

Dabei wurde noch gar nicht einmal die Tatsache berücksichtigt, daß sich ein solcher Baum von Jahr zu Jahr verändert, nämlich wächst – an Größe und Umfang!

Was meinen wir eigentlich, wenn wir sagen: *Das dort ist ein Apfel-, Pflaumen- oder Kirschbaum?*

Aber halt! Ein solcher Satz sagt ja nicht nur etwas über den speziellen Baum aus, der uns gerade vor Augen steht, sondern er nimmt ganz automatisch Bezug auf *alle* Bäume dieser Art. Denn nur dann ist es möglich, den jeweils sichtbaren Baum als Beispiel der entsprechenden Obstbaumsorte zu begreifen.

Ein Baum ist ein Baum ist ein Baum

Wir sehen in unserem Leben aber doch nur einige wenige Apfel-, Pflaumen- oder Kirschbäume! Und diese auch nur ausschnittweise! Außerdem ist unsere Sichtweise eines »Gegenstandes« nur eine von vielen möglichen, wie die Betrachtung eines ganz gewöhnliches Tisches gezeigt hat.

Deshalb ist alles doppelt relativ: Das, was wir erkennen wollen, ist *keine feste Größe;* und wir, die Erkennenden, verfügen auch nur über eine *beschränkte Sichtweise* der Welt. So hat zum Beispiel eine amerikanische Studie gezeigt, daß Studenten die Qualität desselben wissenschaftlichen Aufsatzes viel höher einschätzen, wenn man ihnen sagt, daß er von einem Mann stamme – statt einer Frau.

Pillen, die keinerlei Wirkstoffe enthalten, können einen Patienten genausogut heilen wie echte Medikamente – vorausgesetzt, der Kranke weiß nichts davon, daß er sogenannte »Placebos« erhält. Und er muß natürlich fest an die Heilkraft der entsprechenden »Medizin« glauben. – Auch die Werbung beweist, daß man allein mit Worten Tatsachen im Sinne der »Selbstprophezeiung« schaffen kann: Wir erleben ein Waschmittel nur deshalb als besonders gut, weil es so angepriesen wurde.

Ist es angesichts dieser und vieler anderer Beispiele nicht ganz verständlich und richtig, daß schon vor über 2000 Jahren die Möglichkeit wahrer Erkenntnis in Frage gestellt wurde?
Kann es denn überhaupt zwei Menschen geben, die dasselbe genauso erleben und erkennen?
Doch damit noch nicht genug! Wenn uns eine ganz bestimmte Blume besonders gut gefällt, drücken wir dies zum Beispiel mit folgenden Worten aus: »Diese Blume ist schön.« Aber erfassen wir mit diesem Satz überhaupt das, was wir da sehen, fühlen und meinen? Wie allgemein und damit eigentlich nichtssagend sind in diesem Zusammenhang die Worte »Blume« und »schön«?
Wenn die Sophisten und Zweifler an der Wahrheit recht hätten, müßte dieses Buch jetzt mit diesem Satz enden, dürfte überhaupt niemand mehr jemals ein Buch schreiben; ja, es sollte auf der ganzen Welt kein einziges Wort mehr gesprochen werden – es sei denn mit dem Zusatz »möglicherweise«, »vielleicht« oder »quasi«. Ja, ja, ja – würde Platon dazu sagen! Genau das müssen wir ständig tun, solange wir nämlich noch »gefesselt« in der »Höhle der sinnlichen Wahrnehmung« sitzen und lediglich Abbilder oder »Schatten« der Wirklichkeit sehen. Insofern ist Platon mit den Sophisten einer Meinung. Aber sie haben – seiner Meinung nach – das Kind (der Wahrheit) mit dem Bade ausgeschüttet, als sie merkten, daß das Badewasser ständig seine Temperatur verändert.

Unten

Es war ein schöner Maitag. Obwohl die Sonne schien, kam es ihm vor, als gäbe es draußen keine Schatten.

Noch etwas anderes war höchst eigenartig: Die Bäume und Hecken im Vordergrund flossen, wie zu erwarten, gegen die Fahrtrichtung vorbei, und zwar um so schneller, je näher sie dem Betrachter waren. Die im Hintergrund liegenden Merkmale der Landschaft jedoch schienen sich mit der Kutsche vorwärts zu bewegen, und das um so schneller, je weiter sie entfernt waren. Die Gegenläufigkeit der beiden Bewegungen legte den Schluß nahe, daß es irgendwo zwischen Vorder- und Hintergrund eine Stelle geben mußte, wo die Dinge stillstanden.

»Es wäre interessant, diese Stelle zu berechnen«, sagte er laut. Mit sich selbst zu sprechen war eine Angewohnheit von ihm, wenn er einen schwierigen Gedanken dachte.

Natürlich war es Unsinn, denn sie fuhren ja vorwärts durch die Landschaft und ließen alles in ihr Stück für Stück hinter sich.

Aber die Augen täuschten eine andere Wirklichkeit vor. Zum erstenmal hatte er dies erfahren, als er kaum älter als fünf Jahre war.

Es war an einem Wintertag gewesen. Sein Vater hatte ihn auf einen Spaziergang vor die Stadt mitgenommen. Dies war ein seltenes Ereignis, denn sein Vater hatte fast nie Zeit. Georg war daher aufgeregt und bereit, alles, was es zu sehen gab, für ein Wunder zu halten.

Es schneite stark. Sein Vater legte den Kopf zurück und sah den Flocken entgegen. Der Sohn ahmte dies nach.

»Was siehst du?« fragte sein Vater.

»Den Schnee. Die Flocken kommen aus dem Himmel.«

»Sieh es dir genau an. Von wo kommen die Flocken?« »Sie kommen alle von der gleichen Stelle.«

Der Vater hatte ihn gelobt und dann aufgefordert, nun den Schneefall von der Seite zu betrachten und seine Eindrücke zu schildern.

Da sah er ganz deutlich, daß die Flocken gar nicht aus einem Punkt herausfielen, sondern in parallelen Linien zu Boden schwebten. Kaum blickte er jedoch wieder zum Himmel empor, wirkten die Flocken wieder wie feine, weiße Blütenblätter, die im Kreis aus einem Punkt herauswuchsen und nach allen Seiten auseinanderstoben.

»Es ist eine Frage der Blickrichtung«, sagte sein Vater. »Das eine ist so wahr wie das andere.«

Diese Erklärung hatte sich Georg tief eingeprägt. Heute fragte er sich, ob die eigenartige Frömmigkeit seines Vaters auch eine Folge der Blickrichtung gewesen war. Wenn man das Gesicht hob und in den Himmel sah, war Gott im Zentrum, wenn man ihn jedoch von der Seite betrachtete, löste er sich in das Nebeneinander einzelner Teile der Schöpfung auf. Sein Vater hatte die Sterne über alles geliebt. Sie waren das Schneegestöber des Nachthimmels, das aus dem göttlichen Zentrum fiel. Auf der Erde gab es Menschen, zwischen denen kein Zusammenhang bestand, wenn man sie von der Seite betrachtete.

»Es wäre interessant, diese Stelle zu berechnen«, sagte er laut.

Bei einer Fahrt mit der Postkutsche läßt Henning Boetius in seinem Roman »Der Gnom« den jungen Wissenschaftler und Schriftsteller Georg Christoph Lichtenberg (1742–1799) folgendes beobachten:

Die Geschichte
von den Blinden und dem Elefanten

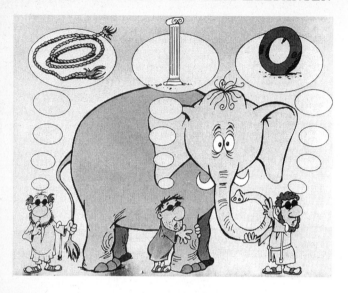

Buddha, der indische Religionsstifter (560–480 v.Chr.), erzählt:

Es war einmal ein König von Benares, der rief zu seiner Zerstreuung etliche Bettler zusammen, die von Geburt an blind waren, und setzte einen Preis aus für denjenigen, der ihm die beste Beschreibung eines Elefanten geben würde. Zufällig geriet der erste Bettler, der den Elefanten untersuchte, an dessen Bein, und er berichtete, daß der Elefant ein Baumstamm sei. Der zweite, der den Schwanz erfaßte, erklärte, der Elefant sei wie ein Seil. Ein anderer, welcher ein Ohr ergriff, beteuerte, daß der Elefant einem Palmblatt gleiche und so fort.

Die Bettler begannen untereinander zu streiten, und der König war überaus belustigt.

URBILD

Denn wenn es um das Allgemeine oder Wesentliche geht, kann es für Platon und seine Anhänger, die »Idealisten«, keinen Zweifel daran geben, daß dies mit Hilfe unserer Vernunft in Wahrheit zu erkennen ist – und zwar ohne Wenn und Aber.

Es mag noch so viele verschiedene Äpfel und Apfelsorten auf der Welt geben, dennoch wissen wir, was *ein Apfel* im Gegensatz zu einer Birne oder Tomate ist – selbst wenn der Apfel als Obstsorte eines Tages (ähnlich wie die Dinosaurier) »aussterben« sollte.

Und weil dies so ist, muß die *Idee* des Apfels etwas Unvergängliches und Unveränderliches *sein*. Ja, es muß diese Idee schon gegeben haben – so Platon –, bevor überhaupt etwas auf der Erde existierte, genauso wie die Idee des Dreiecks oder die Idee der Gerechtigkeit.

ABBILD

Entsprechend ist alles, was es gibt, das mehr oder weniger unvollkommene und vergängliche *Abbild* des entsprechenden *Urbildes*, der Idee. Diese befindet sich – laut Platons Vorstellung – in einem regelrechten Ideenhimmel.

Aus diesem – so Platon weiter – stamme auch unsere unsterbliche Seele, die an den Körper gefesselt sei und sich durch konzentriertes Nachdenken wieder an den Bereich der ewigen Einsicht erinnern könne.

*Raffael, Die Schule von Athen –
Platon und Aristoteles, 1509–1511*

Was ist aber, wenn Platons Ideenlehre auch nur so eine »Idee« ist?

Wo und wie ist denn das Allgemeine als etwas Eigenständiges greifbar? Wir sprechen zwar von »der Katze«, beobachten und beschreiben können wir jedoch nur viele, verschiedenartige Katzen. Und: Könnte man nicht sagen, daß jede einzelne von ihnen das verkörpert, was eine Katze überhaupt ist? Dieser Meinung war übrigens Platons berühmtester Schüler Aristoteles (384–322 v. Chr.).

VORHER? – NACHHER?

Was das Allgemeine betrifft, gibt es noch eine dritte Möglichkeit: Das Allgemeine gibt es nur in unseren Köpfen! Also: Alles, was wir als allgemeines Kennzeichen eines Elefanten bezeichnen (großes, graues, vierbeiniges Rüsseltier), ist dann lediglich das Gemeinsame, was wir an verschiedenen Elefanten beobachtet haben. Nicht mehr und nicht weniger! (Zu diesem Denkergebnis kam der mittelalterliche Philosoph Wilhelm von Ockham, 1285–1347/1350).

Für den französischen Mönch Petrus Abaelardus (1079–1142) haben sowohl Platon als auch Aristoteles (und Ockham) recht. Denn für ein göttliches, ewiges Wesen muß es das Allgemeine oder Wesentliche schon *vor* der Erschaffung der Welt gegeben haben; was die Natur betrifft, findet sich dort das Allgemeine *in* den Dingen; und für uns Menschen gibt es das Allgemeine erst, *nach*dem wir es dank unserer – von Gott geschenkten – Vernunft erkannt haben.

Es sieht ganz so aus, als ob der Versuch zu erkennen, auf welchen (sicheren) Beinen unsere Erkenntnis steht, nur deutlich macht, daß wir uns erkenntnismäßig lediglich mit Krücken und mehr oder weniger orientierungslos auf schwankendem Boden tastend vorwärts bewegen (können). Sowohl wir – als Erkennende oder Erkenntnissubjekt – als auch das, was wir erkennen (wollen) – das Erkenntnisobjekt –, aber auch die Worte oder Begriffe, mit denen wir das Erkannte für uns festhalten wollen – also die Erkenntnis –, haben sich in vieler Hinsicht als fragwürdig erwiesen, wenn es darum geht, etwas als objektiv oder unzweifelhaft gewiß zu erkennen.

Was aber nun, wenn sich auch noch herausstellen sollte, daß es noch nicht einmal den unsicheren Boden der Erkenntnis überhaupt gibt?!

Alles nur ein Traum?

Schon vor Jahren bemerkte ich, wieviel Falsches ich von Jugend auf als wahr hingenommen habe und wie zweifelhaft alles sei, was ich später darauf gründete; darum war ich der Meinung, ich müsse einmal im Leben von Grund auf alles umstürzen und von den ersten Grundlagen an ganz neu anfangen, wenn ich je irgend etwas Festes und Bleibendes in den Wissenschaften aufstellen wollte. (...)
Ich will also alles aus dem Weg räumen, was auch nur den Schein eines Zweifels zuläßt, als hätte ich es für gänzlich falsch erkannt; ich will vorwärts dringen, bis ich etwas Gewisses erkenne, sollte es auch nur die Gewißheit sein, daß es nichts Gewisses gibt. Nur einen Punkt, der fest und unbeweglich sei, verlangte Archimedes, um die ganze Erde von ihrer Stelle zu bewegen. Alles, was ich bis heute als ganz wahr hingenommen habe, empfing ich unmittelbar und mittelbar von den Sinnen; diese aber habe ich bisweilen auf Täuschungen ertappt. (...) Indessen, wenn uns auch die Sinne zuweilen über kleine und ferner liegende Gegenstände täuschen, so ist doch vielleicht das meiste andere derart, daß ein Zweifel ganz unmöglich ist, wiewohl es auch aus den Sinnen herrührt; so zum Beispiel, daß ich hier bin, am Ofen sitze, meinen Winterrock anhabe, dieses Papier hier mit den Händen berühre und dergleichen. Mit welchem Recht könnte ich leugnen, daß diese Hände, dieser ganzer Körper mein sind? – ich müßte mich denn mit gewissen Verrückten vergleichen, deren Gehirn ein hartnäckiger melancholischer Dunst so schwächt, daß sie unbeirrbar versichern, sie seien Könige, während sie gänzlich arm sind. (...) Allein das sind Wahnsinnige, und ich würde ebenso verrückt erscheinen, wenn ich auf mich anwenden wollte, was von ihnen gilt.

Aber halt! Bin ich denn nicht ein Mensch, der nachts zu schlafen pflegt und dann alles das, und oft noch viel Unglaublicheres, im Traum erlebt wie jene im Wachen? Wie oft aber glaube ich nachts im Traume ganz Gewöhnliches zu erleben; ich glaube hier zu sein, den Rock anzuhaben und am Ofen zu sitzen – und dabei liege ich entkleidet im Bett!

Jetzt aber schaue ich sicherlich mit ganz wachen Augen auf dieses Papier. Dieser Kopf, den ich bewege, ist nicht vom Schlaf befangen. Mit Überlegung und Bewußtsein strecke ich diese Hand aus und habe Empfindungen dabei. So deutlich würde ich nichts im Schlaf erleben.

Ja, aber erinnere ich mich denn nicht, daß ich auch schon von ähnlichen Gedanken in Träumen getäuscht worden bin? Während ich aufmerksamer hierüber nachdenke, wird mir ganz klar, daß nie durch sichere Merkmale der Schlaf vom Wachen unterschieden werden kann, und dies macht mich so stutzig, daß ich gerade dadurch fast in der Meinung bestärkt werde, daß ich träume. (...)

Ich bin schließlich zu dem Geständnis gezwungen, daß man an allem, was ich einst für wahr hielt, zweifeln könne. Und so habe ich in mir die Annahme gefestigt, es gebe gar nichts in der Welt, keinen Himmel, keine Erde, keine Geister, keine Körper: also bin auch ich nicht da? (...)

René Descartes
(1596–1650)

Aus den
»Meditationen«
(1641)

DER SCHMETTERLINGSTRAUM

Einst träumte mir,
Tschuang Tschou,
ich sei ein Schmetterling,
der sich wohl und wunschlos
fühlte und nichts wußte von
Tschuang Tschou.
Plötzlich erwachte ich und merkte,
daß ich wieder Tschuang Tschou war.

Nun weiß ich nicht,
bin ich Tschuang Tschou,
dem träumte,
ein Schmetterling zu sein,
oder bin ich ein Schmetterling,
dem träumt,
er sei Tschuang Tschou?

Und doch ist sicherlich zwischen
Tschuang Tschou und dem
Schmetterling ein Unterschied,
denn gerade diesen nennen wir
ja Wandlung der Substanz
zu Einzelwesen.

Auch Du bist ein Träumender.
Daß ich Dich einen Träumenden nenne,
ist nur ein Traum.

Solche Worte nennt man
die tiefsten
Rätsel.

Tschuang Tse

René Margritte, Persönliche Werte, 1952

Folgendes müssen wir – streng genommen – tun, behauptet(e) der französische Philosoph René Descartes: Es ist nicht auszuschließen, daß alles, was wir für wirklich halten, nur ein (schöner) Traum ist.
Das wenigstens ist das vorläufige Ergebnis seiner sogenannten »Überlegungen« (lateinisch: »Meditationen«), in denen er ein für allemal klären will, woran der Mensch zweifeln kann und was für uns unzweifelhaft gewiß ist.
»Augenblick mal!« könnte jetzt jemand sagen. »Ob ich träume oder nicht, läßt sich ganz leicht feststellen! Ich brauch' mir nur in den Arm zu kneifen und...« Und gar nichts! Denn der dabei empfundene Schmerz kann genausogut nur geträumt sein. »Aber die anderen! Ich meine all die anderen, die die gleiche Situation genauso erleben wie ich und dies auch ganz deutlich zum Ausdruck bringen! Auch nur geträumt?«
René Descartes kam bei seinen »Überlegungen« schließlich zu dem Ergebnis, daß man letztlich an allem zweifeln kann, nur nicht daran, daß man zweifelt. (Wer auch das wieder bezweifeln wollte, bestätigt mit seinem Zweifel genau das, was er bezweifelt!)

Auf der Galerie

Georges Seurat, Le cirque, 1891

Wenn irgendeine hinfällige, lungensüchtige Kunstreiterin in der Manege auf schwankendem Pferd vor einem unermüdlichen Publikum vom peitschenschwingenden erbarmungslosen Chef monatelang ohne Unterbrechung im Kreise rundum getrieben würde, auf dem Pferde schwirrend, Küsse werfend, in der Taille sich wiegend, und wenn dieses Spiel unter dem nichtaussetzenden Brausen des Orchesters und der Ventilatoren in die immerfort weiter sich öffnende graue Zukunft sich fortsetzte, begleitet vom vergehenden und neu anschwellenden Beifallsklatschen der Hände, die eigentlich Dampfhämmer sind – vielleicht eilte dann ein junger Galeriebesucher die lange Treppe durch alle Ränge hinab, stürzte in die Manege, riefe das: Halt! durch die Fanfaren des immer sich anpassenden Orchesters.

Da es aber nicht so ist; eine schöne Dame, weiß und rot, hereinfliegt, zwischen den Vorhängen, welche die stolzen Livrierten vor ihr öffnen; der Direktor, hingebungsvoll ihre Augen suchend, in Tierhaltung ihr entgegenatmet; vorsorglich sie auf den Apfelschimmel hebt, als wäre sie seine über alles geliebte Enkelin, die sich auf gefährliche Fahrt begibt; sich nicht entschließen kann, das Peitschenzeichen zu geben; schließlich in Selbstüberwindung es knallend gibt; neben dem Pferde mit offenem Munde einherläuft; die Sprünge der Reiterin scharfen Blickes verfolgt; ihre Kunstfertigkeit kaum begreifen kann; mit englischen Ausrufen zu warnen versucht; die reifenhaltenden Reitknechte wütend zu peinlichster Achtsamkeit ermahnt; vor dem großen Saltomortale das Orchester mit aufgehobenen Händen beschwört, es möge schweigen; schließlich die Kleine vom zitternden Pferd hebt, auf beide Backen küßt und keine Huldigung des Publikums für genügend erachtet; während sie selbst, von ihm gestützt, hoch auf den Fußspitzen, vom Staub umweht, mit ausgebreiteten Armen, zurückgelehntem Köpfchen ihr Glück mit dem ganzen Zirkus teilen will – da dies so ist, legt der Galeriebesucher das Gesicht auf die Brüstung und, im Schlußmarsch wie in einem schweren Traum versinkend, weint er, ohne es zu wissen.

Franz Kafka

Nasenwelt

Was immer ich versucht habe, war, andere Sichtweisen zu finden, die uns zeigen, daß die Welt wirklich anders ist, als wir denken.

Die Nasenschleimhäute des Nashorns sind etwa eine Million mal empfindlicher als die von Menschen. Ihre Sehkraft ist dagegen ziemlich gering. Das heißt, Nashörner nehmen die Welt nicht wie Menschen hauptsächlich über das Sehen wahr, sondern über das Riechen.

Es ist wichtig zu verstehen, wie unsere Wahrnehmung entstanden ist und welche Illusionen sie hervorbringen kann. Wenn wir uns vorstellen, wie der Mensch zum ersten Mal in seiner Welt aufgewacht ist und sich umgesehen hat – der Mensch der Frühzeit, gewissermaßen ein Lehmklumpen, der aufwacht und denkt: »Eine recht interessante Welt, sie paßt recht genau zu mir, nicht wahr? Das kann eigentlich kein Zufall sein; ich glaube, das wurde eigens gemacht, damit ich da so gut hineinpasse.«

Das ist die Illusion, unter der wir leiden. Und der einzige Weg, davon wegzukommen, ist zu versuchen, die Welt aus anderen Perspektiven zu sehen.

Es gibt zwei Gebiete, auf denen wir das tun können; eines ist zu versuchen, die Wahrnehmungswelt von anderen Tieren zu verstehen, und das zweite ist die Welt, die uns jetzt die Computer eröffnen. Sie geben uns die Möglichkeit, die Daten, die wir in unseren Köpfen manipulieren, um unsere Welt zu erschaffen, wieder zu manipulieren.

Diese Überlegungen stammen von Douglas Adams, dem berühmten Autor der fünfbändigen Trilogie »Per Anhalter durch die Galaxis«.

Weil sich Descartes nicht mit dem trostlosen Ergebnis seiner Wahrheitssuche zufrieden geben wollte, beging er – bewußt oder unbewußt – einen kleinen, aber alles entscheidenden Denkfehler. Mit seiner Hilfe zog er sich – wie später Münchhausen – an den eigenen Haaren aus dem »Sumpf« des Zweifels.

Descartes behauptete nämlich: Wo gezweifelt wird, muß es auch jemanden geben, der zweifelt, also einen Zweifler. Lateinisch liest sich das so:

>»Cogito, ergo sum.«
>(»Ich zweifle, also bin ich.«)

Die »Gewißheit« des »Ich bin« war für Descartes ein so fester Punkt, daß er damit die ganze Welt wieder in die Angeln heben konnte. Und das ging so: Als zweifelnde Zweifler können wir uns ein Wesen vorstellen, das keinerlei Zweifel kennt und auch sonst in jeder Hinsicht vollkommen ist, nämlich Gott. Zu der Vollkommenheit Gottes gehört aber auch die Tatsache, daß es ihn wirklich gibt. Sonst wäre er ja nicht vollkommen, oder?

Dieses vollkommene und allmächtige Wesen kann aber nach Descartes' Überzeugung keine Erfindung eines unvollkom-

menen Wesens sein – nämlich des Menschen. Nur der umgekehrte Vorgang ist für Descartes denkbar. Und damit wäre bewiesen, daß es Gott wirklich gibt.

Wenn es ihn aber gibt, wird er uns – seine geliebten Geschöpfe – bei unserer Wahrheitssuche immer dann tatkräftig unterstützen, wenn wir mit Hilfe des Verstandes etwas so klar und deutlich erkennen wie ihn selbst.

Als andere Philosophen sahen, daß Descartes den »lieben Gott« bemühen mußte, um zu wahrer und wirklicher Erkenntnis zu gelangen, meldeten sie Zweifel an seinem Gottesbeweis an: Wenn wir uns etwas als vollkommen vorstellen können, zum Beispiel einen Sandstrand, muß es doch deswegen noch lange nicht existieren!

Und warum sollte sich Wahrheit nur auf das begründen, was der Verstand als richtig erkennt?

Da niemand von außen in einen Kopf hineinsehen und dort die Gedanken »lesen« kann, war für sie alles, was sich dort abspielt, erst einmal fragwürdig und verdächtig, bloße Einbildung zu sein. (In unserer Vorstellung oder Phantasie ist ein echtes Pferd genauso wirklich wie ein goldenes!)

Hans Hillmann

MILCH IST KRUMM

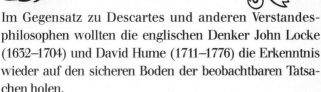

Im Gegensatz zu Descartes und anderen Verstandesphilosophen wollten die englischen Denker John Locke (1632–1704) und David Hume (1711–1776) die Erkenntnis wieder auf den sicheren Boden der beobachtbaren Tatsachen holen.

Daß uns die Sinne hin und wieder täuschen, mag ja richtig sein, sagten sie, aber das bedeutet doch noch lange nicht, daß sie uns deswegen immer an der Nase herumführen.

Außerdem: Alles, was wir uns denken oder vorstellen können, müssen wir irgendwann einmal mit unseren fünf Sinnen wahrgenommen haben. Beweis: Ein von Geburt an Blinder hat keine Vorstellung von Farben, ein Tauber keine von Tönen. Und mit noch soviel Worten wird man ihnen nicht erklären können, wie eine bestimmte Farbe aussieht oder ein Ton klingt.

Folgender Witz macht das sehr schön deutlich:
Ein Blinder bittet seinen Freund, ihm doch einmal Milch zu beschreiben.
»Milch, das ist eine weiße Flüssigkeit.«
»Und was ist weiß?« »Zum Beispiel ein Schwan.«
»Und was ist ein Schwan?« »Ein Vogel mit einem langen krummen Hals.«
»Gut. Aber was ist krumm?« »Krumm? Paß auf, ich werde jetzt meinen Arm biegen, und du wirst ihn abgreifen. Dann weißt du, was krumm heißt.«
Der Blinde tastet sorgfältig den aufwärts gebogenen Arm des Freundes ab und sagt dann:
»So, jetzt weiß ich endlich, wie Milch ist.«

Ursache – Wirkung

Alle Denkakte, die Tatsachen betreffen, scheinen sich auf die Beziehung von *Ursache* und *Wirkung* zu gründen. Einzig mit Hilfe dieser Beziehung können wir über die Evidenz unseres Gedächtnisses und unserer Sinne hinausgehen.
Würde man jemanden fragen, warum er irgendeine Tatsache glaubt, die nicht gegenwärtig ist, z.B. daß sein Freund auf dem Lande oder in Frankreich sich befindet, so würde er einen Grund angeben, und dieser Grund würde eine andere Tatsache sein, etwa ein von ihm erhaltener Brief, oder die Kenntnis seiner früheren Entschließungen und Zusagen. Findet jemand auf einer wüsten Insel eine Uhr oder sonst eine Maschine, so würde er schließen, daß einst Menschen auf dieser Insel gewesen sind. All unsere Gedankengänge, die Tatsachen betreffen, sind von derselben Art. Es wird hier beständig vorausgesetzt, daß zwischen der gegenwärtigen Tatsache und der aus ihr abgeleiteten eine Verknüpfung besteht. Wäre kein Band zwischen ihnen vorhanden, so wäre die Ableitung völlig haltlos. (...)
Zergliedern wir alle anderen Gedankengänge solcher Art, so werden wir finden, daß sie sich auf die Beziehung von Ursache und Wirkung gründen, und (...) so müssen wir untersuchen, wie wir zur Kenntnis von Ursache und Wirkung gelangen.
Ich wage es als einen allgemeinen und ausnahmelosen Satz hinzustellen, daß die Kenntnis dieser Beziehung (...) ganz und gar aus der Erfahrung stammt, indem wir finden, daß

gewisse Gegenstände beständig in Zusammenhang stehen. (...) Gesetzt den Fall, Adam hätte anfänglich durchaus vollkommene Vernunftkräfte besessen, so hätte er doch aus der Flüssigkeit und Durchsichtigkeit des Wassers nicht herleiten können, daß es ihn ersticken, noch aus der Helligkeit und Wärme des Feuers, daß es ihn verzehren würde. Kein Gegenstand enthüllt jemals durch die Eigenschaften, die den Sinnen erscheinen, die Ursachen, die ihn hervorgebracht haben, noch die Wirkungen, die aus ihm entspringen werden; auch kann unsere Vernunft ohne Beistand der Erfahrung niemals irgendwelche Ableitungen in bezug auf wirkliches Dasein und Tatsachen vollziehen. (...)
Wir meinen, wenn wir plötzlich in die Welt gestellt würden, so hätten wir von Anfang an herleiten können, daß eine Billardkugel durch Stoß einer anderen Bewegung mitteilen würde, und daß wir nicht auf das Ereignis hätten zu warten brauchen, um mit Gewißheit darüber auszusagen. So groß ist der Einfluß der Gewohnheit, daß da, wo sie am stärksten ist, sie nicht nur unsere natürliche Unwissenheit verdeckt, sondern auch sich selbst verbirgt, und nur deshalb nicht da zu sein scheint, weil sie in höchstem Maße vorhanden ist.

David Hume (1711–1776)

Aus: »Eine Untersuchung über den menschlichen Verstand« (1742)

Ein Leeres Blatt Papier

Für David Hume ist unser Verstand zunächst nichts anderes als ein leeres Blatt Papier. Auf ihm hinterlassen dann im Laufe der Zeit unsere Sinneswahrnehmungen Spuren oder Eindrücke. Sollten sich diese Eindrücke (mit einer gewissen Regelmäßigkeit) wiederholen, vergleichen wir sie miteinander. Dann versuchen wir, die erhaltenen Eindrücke in eine sinnvolle, aufschlußreiche Beziehung miteinander zu setzen.

So stelle ich zum Beispiel folgendes immer wieder fest: Unmittelbar mit oder nach dem Betätigen eines weißen Schalters neben der Tür geht das Licht an. Daraus schließe ich: Es gibt einen Zusammenhang zwischen diesen beiden Vorgängen, bzw. das Betätigen des Schalters ist die Ursache für das Hellwerden der Birne (= Folge).
Daß das eine wirklich *aus* dem anderen folgt, kann ich nicht direkt beobachten, sondern nur vermuten. Außerdem kann ich daraus auch kein Gesetz machen, das für alle Zeiten gilt. Denn daß bisher die Sonne immer im Osten aufging, ist noch keine Garantie dafür, daß sie es auch in Zukunft tut. Das bleibt erst noch abzuwarten.
Ja, wir können noch nicht einmal sicher sein, daß das, was wir sehen, hören, fühlen, schmecken, riechen und tasten, auch unabhängig von unserem Eindruck existiert. Vielleicht gibt es das alles nur so lange, wie wir es wahrnehmen? (Augen zu – Welt weg?)

Im Gegensatz zu René Descartes konnte David Hume nicht beweisen, daß es einen allmächtigen Gott gibt, der uns bei der Suche nach Wahrheit hilfreich an die Hand nimmt.

Füllen Sie den Hintergrund des linken Bildes mit kräftigem Rot.
Nun schauen Sie sich das Bild ungefähr 30 Sekunden an.
Wenn Sie jetzt auf das rechte Bild sehen, dann...

UND IMMER WIEDER GEHT DIE SONNE AUF?

Mit diesem niederschmetternden Ergebnis hatte Hume das Todesurteil für jede Art von Naturwissenschaft gesprochen – kaum daß diese richtig begonnen hatten. Denn wozu sollte man noch untersuchen, experimentieren und forschen, wenn von vorneherein feststand, daß niemand aufgrund von Beobachtungen berechtigt ist, etwas in Form eines Gesetzes als allgemein und notwendig zu behaupten?

Aber genau das wollen und sollen Naturwissenschaftler tun. Humes Zeitgenosse, der berühmte englische Physiker Sir Isaac Newton (1643–1727), hat in diesem Sinne – stellvertretend für alle Naturwissenschaften – folgende Forderung dazu formuliert: »Alles (...), was nicht aus den Erscheinungen folgt, ist eine Hypothese[1], und Hypothesen (...) dürfen nicht in die Experimentalphysik aufgenommen werden. In dieser leitet man die Sätze aus den Erscheinungen ab und verallgemeinert sie durch Induktion[2].«

[1] Hypothese: Vermutung
[2] Induction: Methode, bei der man vom Einzelfall auf das Allgemeine oder Gesetzmäßige schließt

Esau und Jakob

Diese Geschichte hat sich der polnische Philosoph Leszek Kolakowski auf der Grundlage einer alttestamentlichen Begebenheit ausgedacht. Sie findet sich in seinem Buch »Der Himmelsschlüssel«.

Rebekka, die Frau Isaaks, gebar mit Gottes Hilfe Zwillinge – den behaarten, starken Esau und den glatten Jakob.
Esau, der Liebling des Vaters, wuchs zu einem finsteren und schweigsamen Jungen heran. (...) Jakob hingegen war schön, gut frisiert, lustig und schwatzhaft. (...)
Als Jakob sich eines Tages sein Abendessen gerichtet hatte, kam Esau gerade müde und erschöpft von der Arbeit nach Hause und bat ihn, ihm doch etwas davon abzugeben. So kam es zu dem der ganzen Welt bekannten Handel. Jakob schlug dem Bruder einen Tausch vor: Er war bereit, seine Mahlzeit gegen Esaus Erstgeburt abzutreten. Esau, der wegen seiner schlechten Manieren und des seltenen Umgangs mit Menschen Neigung und Begabung zum Philosophieren besaß, begann zu überlegen:
Was bedeutet Erstgeburt? Die Tatsache, daß ich zuerst geboren bin. Zwar nur um eine Minute früher, aber doch zuerst. Diese Tatsache gehört der Vergangenheit an. Die Erstgeburt abzutreten, bedeutet also, die Vergangenheit zu verändern. Das ist jedoch nicht möglich. Also muß derjenige, der für die Veränderung der Vergangenheit zahlen will, ein Dummkopf sein. Und doch hat sich so einer gefunden. Für den gesunden Menschenverstand steht fest: Wenn ich etwas dafür bekommen kann, daß in irgendwessen Bewußtsein die Vergangenheit sich verändert, lohnt es sich sogar, eine Schüssel Linsen zu nehmen. In Wirklichkeit ist es doch ausgeschlossen, daß das, was wirklich geschehen ist, infolge einer späteren Entscheidung, die auf unserer Transaktion besteht, nicht wirklich geschehen ist. (...)

Jakob jedoch, der auch ein Philosoph war, (...) sah die Dinge anders:
Was heißt schon Vergangenheit an sich? – dachte er. Schon der Begriff Vergangenheit geht davon aus, daß es etwas ist, was nur war und somit bereits zu sein aufhörte, das heißt etwas, was es überhaupt nicht gibt. Wenn die Vergangenheit irgendwo existiert, so nur in meiner Vorstellung oder in der Vorstellung eines anderen. Die Behauptung, es gebe eine Vergangenheit unabhängig davon, ob jemand etwas von ihr weiß oder nicht, hat keinen Sinn. Die Vergangenheit verhält sich relativ zum Bewußtsein und hat außerhalb dieses Bewußtseins keine selbständige Existenz. Also kann man die Vergangenheit korrigieren – es genügt das Bewußtsein der Vergangenheit zu ändern, um Vergangenheit überhaupt zu verändern. Ich und noch ein paar Menschen brauchen bloß an meine Erstgeburt zu glauben, und schon werde ich wirklich der erstgeborene Sohn. Die bedeutet keineswegs nur eine Änderung des Namens, es ist eine Änderung des Wesens der Sache, zumal es kein »Wesen« der Sache an sich gibt und somit nur die Folgen, die ein von mir angenommenes Wesen der Sache nach sich zieht. (...) Wirklich, ich kaufe keinen Namen, ich werde der Erstgeborene und das für einen mäßigen Preis. (...)

Übrigens: Jakobs Philosophie erwies sich – was die Folgen des Handelns anbelangt – als erfolgreicher.
Mit Hilfe einer List erschlich er sich den väterlichen Segen und wurde mit seinem Ehrennamen »Israel« der große Führer und Vater eines ganzen Volkes.

GEDANKEN OHNE INHALT
SIND LEER,

ANSCHAUUNGEN OHNE BEGRIFFE
SIND BLIND
Immanuel Kant

Überhaupt ist die Idee gekommen, nach irgendeiner Person zu suchen? Waren Sie ohne die Frage »Wo ist auf diesem Bild der Fischer versteckt?«

Zum Glück für Wissenschaft und Philosophie hatte ihr »Totengräber« David Hume einen Denkfehler begangen: Es mag zwar richtig sein, daß nichts im Verstand ist, was nicht vorher in den Sinnen war; aber was ist bitte mit dem Verstand selbst?

Wer Eindrücke sammeln will, braucht ein »Gefäß«, das nicht wieder selber ein bloßer Eindruck sein kann. Man kann auch nicht mit einem Topf aus Wasser Wasser im Brunnen holen! Dieses Gefäß, unser Bewußtsein, mag zwar vor der ersten Wahrnehmung durch die Sinne gänzlich leer sein, ist aber als solches vorhanden – und zwar in einer bestimmten Form. Wie diese Form nun aussieht, untersuchte mit größter Denkkraft und Genauigkeit der aus Königsberg stammende deutsche Philosoph Immanuel Kant (1724– 1804). David Hume hatte ihn mit seinen kritischen Fragen zu der (Un-)Möglichkeit von sicherer Erkenntnis aus dem »Dornröschenschlaf« der Vernunft geweckt. Kant aber wollte eben diese Vernunft als Grundlage der Wissenschaft retten, und zwar so: Die Wissenschaft ist an Gesetzen interessiert, die die Wirklichkeit allgemein und notwendig erklären. Unsere Sinne können solche Gesetze nicht liefern. Also bleibt nur der Verstand selbst übrig, der für die allgemeine Gültigkeit von Erkenntnis sorgen könnte.

Und genau das tut er – auch ohne Gott (sei Dank)! Denn obwohl sich in und um unser Bewußtsein herum alles ständig ändert, bleibt es bei allem Wandel dasselbe. Vom Anfang bis zum Ende unseres Lebens denken und sprechen wir gleichbleibend von uns als einem »Ich«. Unsere »Identitätskarte«, der Personalausweis, bringt dies übrigens sprachlich genau zum Ausdruck: Wir sind trotz aller möglichen Veränderung ein mit uns selbst identisches Lebewesen.

Ich bin ich!?

Wer oder was aber ist nun dieses Ich? Nach Immanuel Kants Überzeugung kann es nicht das Ergebnis von Erfahrung sein, denn es läßt sich überhaupt nicht wahrnehmen! Da hilft auch noch kein so genauer Blick in den Spiegel. Was ich dort sehe, bin gerade nicht ich, der ich mich sehe!

Der gleiche Gedanke noch einmal (in Zeitlupe) zum Mitdenken: Nicht nur im Spiegel oder auf einem Foto, sondern auch an uns hinunterblickend sehen wir uns – und zwar genau so wie die Schuhe, die wir tragen. Aber sehen wir damit das, was wir meinen, wenn wir sagen: »Ich sehe mich« oder »Ich weiß, daß das Spiegelbild dort ich bin«?

Mit dem Ich oder Selbstbewußtsein ist es wie mit unseren Augen. Obwohl sie uns zum Sehen verhelfen, sehen wir sie selbst nicht. Und: Sie müssen schon vorhanden sein, bevor wir zum ersten Mal etwas damit sehen. Also kann auch das Selbstbewußtsein nicht – wie David Hume glaubte – das Ergebnis von Erfahrung sein, sondern ist umgekehrt seine nicht erfahrbare, allgemeine Voraussetzung!

Allerdings: Sowohl das Auge als auch das »Ich« sind ohne Dinge, die sie sehen oder sich vorstellen, wie ein leeres Blatt Papier, ein Spiegel ohne Spiegelbild. Und weder Papier noch Spiegel können das, was auf ihnen geschrieben steht oder in ihnen zu sehen ist, selbst herstellen. Dennoch wirken sie entscheidend an dem Bild mit, das auf ihnen erscheint –

So nimmt ein Insekt diese vier Personen wahr!

nämlich durch ihre Größe, Form und Oberflächengestalt. Ein großer Spiegel zeigt mehr als ein kleiner, ein ovaler einen anderen Ausschnitt als ein runder, ein Zerrspiegel zeigt die Welt anders als ein Flurspiegel. Bezogen auf unser erkennendes Ich, bedeutet dies: Als Menschen besitzen wir prinzipiell eine vergleichbare Art und Weise, die Welt räumlich und zeitlich zu erleben bzw. mit dem Verstand begrifflich zu ordnen – ganz egal, was wir wahrnehmen. Damit wäre auch die vergleichbare Gültigkeit wissenschaftlicher Aussagen gerettet!

Und daß wir uns mit Hilfe dieser gemeinsamen Erkenntnisbasis darüber verständigen können, was wir wahrnehmen bzw. wahrgenommen haben, legt auch sehr nahe, daß dies nicht alles nur erträumt ist, sondern wirklich so existiert.

Das schließt freilich nicht aus, daß die Welt in völlig anders beschaffenen Erkenntnisspiegeln auch ganz anders erscheint, zum Beispiel für ein Wesen, das eine 5. Dimension kennt oder gar eine zweiundvierzigste!

Mit solchen Überlegungen stoßen wir allerdings (wieder einmal) an die Grenzen unseres Wissens. Und hier – wie in allen anderen Fällen – gilt:

>*»Wovon man nicht sprechen kann,*
>*darüber muß man schweigen.«*
>*Ludwig Wittgenstein*

Für Ihre Augen – Büchertips

»Wie wirklich ist die Wirklichkeit?« fragte sich 1976 der aus Österreich stammende Philosoph, Psychologe und Sprachwissenschaftler Paul Watzlawick. In seinem im Piper-Verlag erschienenen Taschenbuch kann er mit Hilfe vieler, einfacher Beispiele auf rund 250 Seiten zeigen, daß wir uns verschiedene Bilder von der Wirklichkeit machen.

»Flächenland« heißt ein mehrdimensionaler Roman, der von einem alten Quadrat – Edwin A. Abbott – verfaßt wurde und im Jahre 1884 zum ersten Mal in England erschien.
Darin kommt es zu einer höchst schicksalhaften Begegnung zwischen den Bewohnern zweier Welten (Flächenland und Raumland), die auch heute noch ungelöste Fragen nach der Möglichkeit von wahrer Erkenntnis aufwirft.

Obwohl der Titel seines Büchleins ganz allgemein »Probleme der Philosophie« heißt, beschäftigt sich der Mathematiker, Philosoph und Nobelpreisträger Bertrand Russel darin ganz speziell mit Fragen der Erkenntnistheorie – und das auf eine höchst interessante und verständliche Art und Weise (Suhrkamp-Verlag, Frankfurt a.M.).

Sein Buch »Objekte Erkenntnis« hat einer der größten Philosophen unseres Jahrhunderts, Karl Popper, der »menschlichen Erkenntnis und Wahrheitssuche« gewidmet. In verschiedenen kurzen Aufsätzen macht er dem Leser sehr anschaulich klar, mit welchen Erkenntnisproblemen die Wissenschaften zu kämpfen haben und wie man sie überzeugend lösen kann. Das 432 Seiten starke Buch erschien im Verlag Hoffmann und Campe, Hamburg.

Der Göttin der Astronomie hat der Kölner Philosoph Günter Schulte seine Einführung in die Erkenntnistheorie »Das Auge der Urania« zugeschrieben. Mit vielen faszinierenden Bildbeispielen geht er unter anderem näher auf Immanuel Kants Erkenntnistheorie ein (Verlag Vittorio Klostermann, Frankfurt a.M.).

Moralisch gut ist...

1. was den Gesetzen des Staates
   nicht widerspricht. ja/nein
2. wenn man seinen Eltern gehorcht. ja/nein
3. was den Gesetzen des Staates entspricht. ja/nein
4. wenn man sich täglich die Zähne putzt. ja/nein
5. was nützt. ja/nein
6. wenn man von Herzen gibt. ja/nein
7. was Gott will. ja/nein
8. wenn man immer die Wahrheit sagt. ja/nein
9. was meinem Nächsten nicht schadet. ja/nein
10. seiner Frau Blumen mitzubringen. ja/nein
11. was in der jeweiligen Situation
    das geringere Übel ist. ja/nein
12. kein Altöl in den Gully zu schütten. ja/nein
13. was mir selbst Spaß macht. ja/nein
14. für das Vaterland zu sterben. ja/nein
15. was der goldenen Regel entspricht:
    Was du nicht willst, was man dir tu',
    das füg auch keinem andern zu. ja/nein

Diese Fragen möchten Sie einladen, sich vor der genauen Lektüre dieser Einführung in die Moralphilosophie oder Ethik[1] Klarheit darüber zu verschaffen, welche Arten menschlichen Verhaltens und welche Begründungen moralischer Urteile Sie für moralisch bzw. für richtig halten.

---

[1]*Ethik ist der griechische Name für den Teil der Philosophie, der sich mit moralischen Problemen befaßt:*
Im folgenden wird der Einfachheit halber nur noch der Begriff »Moralphilosophie« verwendet.

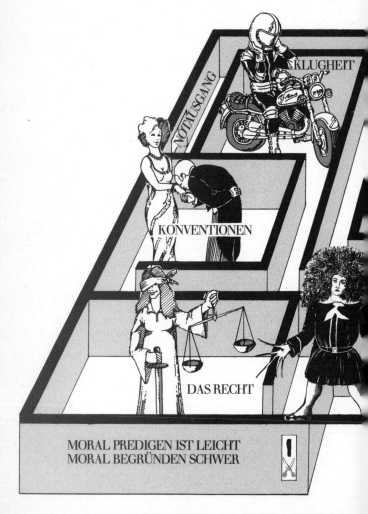

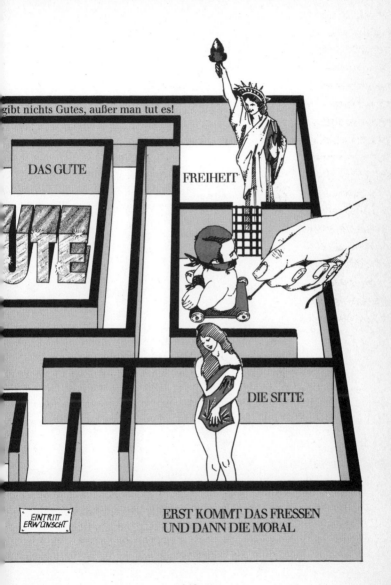

Der Friederich, der Friederich,
Das war ein arger Wüterich!
Er fing die Fliegen in dem Haus
Und riß ihnen die Flügel aus.
Er schlug die Stühl' und Vögel tot,
Die Katzen litten große Not.
Und höre nur, wie bös er war:
Er peitschte, ach, sein Gretchen gar!

Den meisten Lesern dieser Zeilen dürfte er wohlbekannt sein – dieser Friederich. Denn nachdem der deutsche Arzt Dr. Heinrich Hoffmann seine Geschichte vor rund 150 Jahren zum ersten Mal im »Struwwelpeter« bebildert und erzählt hat, haben ihn Millionen von Kindern in der ganzen Welt als Inbegriff des »bösen Buben« kennengelernt.

Der Friederich, der Friederich...

Und es dürfte wohl kaum einen Leser geben, der die Untaten dieses jungen Burschen nicht verurteilt. Denn wer sich so brutal gegen Mitmenschen, Tiere und Stühle verhält, kann nicht erwarten, daß man ihn dafür lobt. Im Gegenteil, er verdient eine ordentliche Strafe – wie sie auch Friederich prompt ereilt. Und von Rechts wegen müßte man diesen Rohling wegen mutwilliger Zerstörung fremden Eigentums, Körperverletzung und Tierquälerei vor Gericht stellen.

Aber warum verurteilen wir so hart und einhellig die Taten des »bösen Friederichs«? *Uns* hat er doch nichts getan, und außerdem – so könnte man einwenden – handelt es sich bloß um eine Bilderbuchfigur! Nun, die Antwort darauf ist sehr einfach, aber sie wirft noch viele weitere, neue Fragen auf: Friederich hat sich höchst *unmoralisch* verhalten, ob wir davon direkt bzw. indirekt betroffen sind oder nicht, spielt gar keine Rolle. (Warum das so ist und gar nicht anders sein kann, soll diese Einführung deutlich machen.)

Die Rolle der »strafenden Gerechtigkeit« hat im »Struwwelpeter« ein Hund übernommen. Und obwohl er Friederich fast genauso schlimm quält wie dieser ihn, die Fliegen und das Gretchen, wird wohl kaum jemand diesen Hund deswegen verurteilen. (Außer: er mag keine Hunde.) Wahrscheinlich werden sich die meisten Leser dieser Bildergeschichte sogar darüber freuen, daß Friederich mit großen Schmerzen das Bett hüten muß, während der Hund seinen Kuchen und die Wurst verspeisen darf. Wenn aber das, was der »böse Friederich« getan hat, etwas mit Moral zu tun hat, *was ist dann Moral?*

Nun, auch diese Frage ist scheinbar leicht zu beantworten. Das aus dem Lateinischen stammende Wort *Moral* war genauso wie das griechische Wort *Ethos* ursprünglich ein

„Was bist du für ein freches Kerlchen, Harras! Die Herrschaften sind feine Leute! Die haben Geld wie Heu! Die finden das bestimmt nicht so lustig."

F. K. Waechter

Eine Gesellschaft Stachelschweine drängte sich an einem kalten Wintertage recht nahe zusammen, um durch die gegenseitige Wäme sich vor dem Erfrieren zu schützen. Jedoch empfanden sie die gegenseitigen Stacheln; welches sie dann wieder voneinander entfernte. Wann nun das Bedürfnis der Erwärmung sie wieder näher zusammenbrachte, wiederholte sich jenes zweite Übel, so daß sie zwischen beiden Leiden hin- und hergeworfen wurden. Bis sie eine mäßige Entfernung voneinander herausgefunden hatten, in der sie es am besten aushalten konnten. –Und diese Entfernung nannten sie Höflichkeit und feine Sitte.

Arthur Schopenhauer

Sammelname für das, was man *Sitte, Gewohnheit* oder *Brauch* nennt. Wenn man demnach von Moral spricht, bezieht man sich ganz offensichtlich auf Aussagen von der Form: »Man soll...«, »Man tut...« oder »Normalerweise...«, die den Menschen sagen, was Sitte, Gewohnheit oder Brauch sein soll oder nicht. Und immer dann, wenn wir menschliche Verhaltensweisen oder die Gesinnung eines Menschen als sittlich, gebräuchlich oder moralisch (oder als das Gegenteil davon) beurteilen, orientieren wir uns an dem, was für uns Sitte, Gewohnheit oder Brauch ist.

Bezogen auf den »bösen Friederich« heißt das: Es ist bei uns nicht Sitte oder Brauch, Tiere oder Menschen zu quälen; demnach hat sich Friederich unmoralisch oder schlecht verhalten, als er Katzen, Vögel und Fliegen totschlug und sein Gretchen mißhandelte.

Es scheint also alles sehr einfach zu sein: Wenn man wissen will, ob das, was jemand getan hat oder tun wollte, moralisch gut oder schlecht war, braucht man lediglich einen Blick auf die bekannten Sitten, Gewohnheiten oder Bräuche zu werfen, und schon weiß man Bescheid. Und falls sich jemand wirklich unmoralisch verhalten hat, wird er in der Regel die Antwort auf diese Frage schneller als erwünscht bekommen – nämlich in Form eines Tadels oder einer Bestrafung.

Doch halt! Ist es nicht so – wie schon ein geflügeltes Sprichwort sagt –, daß sich die herrschenden Sitten, Gewohnheiten und Bräuche von Land zu Land unterscheiden? Was sind aber dann die maßgeblichen und richtigen Sitten, nach denen man eigenes und fremdes Verhalten beurteilen soll? Ist es vielleicht sogar möglich, daß ein und dieselbe Tat einmal als »gut« und ein anderes Mal als »böse« bezeichnet wird – je nachdem, wo man sich gerade auf dieser Erde befindet? Daß dies der Fall ist, wird bestätigen können, wer sich einmal im Ausland aufgehalten hat oder einen kurzen Blick in die Kulturgeschichte verschiedener Völker werfen konnte.

So ist es zum Beispiel bei uns in Europa Sitte, die Mahlzeiten mit Hilfe von Messer, Gabel und Löffel einzunehmen, während man in den asiatischen Ländern dazu zwei Eßstäbchen benutzt. Und trotzdem käme wohl niemand auf die Idee, einen Japaner oder Chinesen, der bei uns mit Stäbchen ißt, als unsittlichen Menschen zu bezeichnen, obwohl er ganz offensichtlich mit seinem Verhalten gegen die bei uns herrschenden Eßgewohnheiten verstößt.

Wie dieses ganz zufällig herausgegriffene Beispiel überraschend deutlich macht, ist die Antwort auf die Frage: »Gut oder böse?« nicht einfach bei den herrschenden Sitten, Gewohnheiten oder Bräuchen zu suchen. Wir bewerten zwar ihnen entsprechend bestimmte Verhaltensweisen negativ oder positiv, aber damit nicht zugleich als moralisch oder unmoralisch. Es scheint deshalb sinnvoll und notwendig zu sein, zwischen *Moral* und *Sitte* zu unterscheiden, auch wenn manche Menschen diese beiden Begriffe gleichsetzen. Aber sehen wir zunächst weiter. Nicht nur, daß in vielen Ländern andere Sitten herrschen, diese Sitten ändern sich auch im Laufe der Zeit! So wäre es vor rund 100 Jahren noch

ganz undenkbar und auch höchst »unmoralisch« gewesen, daß eine Frau in Europa Hosen trägt. Heute wird kaum jemand ein Wort darüber verlieren, es sei denn aus ästhetischen Gesichtspunkten.

Aber es gibt auch Sitten und Gewohnheiten, die in fast allen Kulturen anzutreffen sind und die sich zudem seit Menschengedenken nicht oder kaum verändert haben. Als Beispiel sei das sittliche Gebot: »Du sollst nicht lügen!« angeführt, das schon vor über 2000 Jahren so formuliert wurde und seitdem unverändert als gültig anerkannt wird. (Vor allem natürlich von den Lügnern selbst! Denn wenn jeder lügen würde, hätten die Lügen der Lügner keinen Sinn mehr.)

Wäre es vielleicht denkbar, daß diese Sitten und Gewohnheiten es sind, an die man sich halten soll, wenn man moralisch gut handeln will? Und wenn ja, an welche dieser Sitten und Gewohnheiten ganz genau? Und warum gerade an diese?

Seit über 3000 Jahren gibt es Menschen – sie nennen sich selbst Philosophen oder Weisheitsliebende –, die sich mit diesen und anderen Fragen zu »gut« und »böse« sehr intensiv auseinandergesetzt haben; selbst auf die Gefahr hin, daß man sie wie Sokrates, den Vater der abendländischen Moralphilosophie, zum Tode verurteilt hat. Bei ihrer Suche nach einer überzeugenden Antwort auf die Frage, was es eigentlich heißt, gut zu sein und moralisch zu handeln, sind sie mit ihren Fragen noch sehr viel weiter gegangen.

Angesichts der Untaten Friederichs hätten und haben sie sich zum Beispiel die Frage gestellt, ob man eine solche Handlungsweise nicht nur *verstehen*, sondern unter Umständen sogar *rechtfertigen* kann. Denn vielleicht hatte Friederich gar keine andere Wahl, als sich so zu verhalten! Wäre es denn nicht denkbar, daß er zu einem grausamen Verhalten gegenüber seiner Mit- und Umwelt erzogen wurde?

Und ist Friederich auch dann noch »böse« zu nennen, wenn sein Gretchen, der Hund, die Fliegen und Katzen ihn so sehr geärgert haben, daß sie seine Peitschenhiebe geradezu herausforderten?

Und überhaupt, warum sollte man nicht das tun, wozu man gerade *Lust* hat?! Vielleicht möchten wir uns am liebsten auch wie Friederich verhalten, leugnen aber diesen Wunsch aus Angst vor der zu erwartenden Strafe? Oder verurteilen wir ihn nur deshalb, weil er uns unsere eigene Feigheit vor Augen führt?

Mit all diesen Fragen ist natürlich die Eingangsfrage: »Was ist Moral?« nicht beantwortet worden. Im Gegenteil! Im folgenden haben wir uns jetzt außerdem mit dem Problem »herumzuschlagen«, ob, und wenn »ja«, welche Bedeutung die Fragen der Moralphilosophen für die Möglichkeit oder Unmöglichkeit der Beurteilung einer bestimmten Handlung als moralisch »gut« oder »böse« haben. Doch das Ganze ist – zum Glück! – viel einfacher, als man im ersten Augenblick denken mag. Denn wie der bekannteste Moralphilosoph des 18. Jahrhunderts, Immanuel Kant, geschrieben hat, braucht das Wissen um Moral lediglich aufgeklärt, nicht aber *gelehrt* zu werden!

DREI REGELN FÜR MORALPHILOSOPHEN

Sokrates (469–399)

Der »Vater« der Moralphilosophie, der griechische Philosoph Sokrates, hat kurz vor seinem gewaltsamen Tode im Jahre 399 vor Christus – er wurde von den Bürgern der Stadt Athen zum Tode durch den Giftbecher verurteilt – drei Regeln aufgestellt, die auch heute noch für alle diejenigen gültig sind, die sich ernsthaft mit moralischen Problemen auseinandersetzen wollen:

1. Nicht *Gefühle*, sondern *Argumente* sollen uns bei der Frage nach »gut« und »böse« leiten.

2. Bei der Beantwortung moralischer Fragen kann und soll man sich nicht auf das berufen, was andere darüber denken – sie können sich irren.

3. Nur die Frage, was moralisch »richtig« oder »falsch« ist, soll einen Moralphilosophen interessieren, nicht aber, was mit uns passiert, wenn wir uns so oder anders verhalten.

Gut für mich

Jedes Handeln oder Tun ist in der Regel *motiviert*, das heißt, es gibt einen Grund, der mich veranlaßt, dieses zu tun und jenes zu lassen, und zwar im Hinblick auf die *Folgen* meines Handelns für mich und andere – seien sie nun gut oder schlecht.

Um beurteilen zu können, ob ein bestimmtes Verhalten moralisch gut oder schlecht ist, muß man sich 1. Klarheit darüber verschaffen, welche Folgen die vorliegende Handlung für mich und andere tatsächlich hat, und 2. herausfinden, welche der Folgen letztlich handlungsmotivierend sind. Die mögliche Vielfalt menschlicher Handlungsmotive läßt sich sehr gut an folgendem Schema vergegenwärtigen: Die Kleinbuchstaben *g* und *s* sollen für »gut für einen selbst« und »schlecht für einen selbst« stehen, demgegenüber die Großbuchstaben *G* und *S* für »gut für andere« und »schlecht für andere«. Ein Pfeil zwischen diesen Buchstaben bedeutet: »Etwas tun, was..., um dadurch, etwas zu erreichen, was...«.

Loriot

Es lassen sich acht verschiedene Fälle unterscheiden:

1. $g \rightarrow G$ = schickliches Verhalten
Beispiel: Eine Sängerin, die sehr gern singt, singt an Heiligabend in einem Altersheim, um den alten Menschen das Fest zu verschönern.

2. $s \rightarrow G$ = selbstloses Verhalten
Beispiel: Eine Freundin der Sängerin, die zum Geschirrspülen weder eine besondere Neigung verspürt noch dazu ein besonderes Talent besitzt, erklärt sich bereit, nach der Feier das Geschirr abzuwaschen, damit dem Personal freigegeben werden kann.

3. $g \rightarrow S$ = gehässiges Verhalten
Beispiel: Eine Sängerin singt spät in der Nacht bei offenem Fenster ihre Lieblingsarien, um einen mürrischen Nachbarn zu ärgern.

4. $s \rightarrow S$ = boshaftes Verhalten
Beispiel: Der mürrische Nachbar springt aus seinem Bett, stellt sich im Schlafanzug in seine kalte Garage und läßt seinen Rasenmäher laufen, um es der nächtlichen Sänger in heimzuzahlen.

5. $G \rightarrow g$ = eigennütziges Verhalten
Beispiel: Die Sängerin gibt ein Konzert, das die Zuhörer begeistert; ihr Motiv aber ist ihre eigene Freude am Singen (und die ihr angebotene Gage).

6. $S \rightarrow g$ = eigensüchtiges Verhalten
Beispiel: Der Manager der Sängerin stiehlt die Kasse und flieht nach Europa, um mit dem Geld dort luxuriöse Ferien zu verbringen.

SCHLECHT FÜR ANDERE

7. $G \rightarrow s$ = selbstquälerisches Verhalten
Beispiel: Der ehemalige Freund der Sängerin lädt sie mit ihrem seit kurzem angetrauten Mann zu einem Abendessen ein und weiß, daß der Anblick ihres Glücks ihn selbst schrecklich schmerzen wird.

8. $S \rightarrow s$ = selbstzerstörerisches Verhalten
Beispiel: Der Manager der Sängerin stiehlt auch weiterhin, obwohl er weiß, daß er bald gefaßt und hinter Schloß und Riegel gebracht werden wird.

Einmal abgesehen davon, daß mit diesen acht Möglichkeiten der zielgerichteten Verknüpfung von Handlungsmotiven noch nicht alle möglichen Fälle erfaßt sind, stellt sich natürlich die Frage, ob Menschen sich *wirklich* so selbstlos wie die Freundin der Sängerin im 2. Beispiel oder so selbstquälerisch wie der ehemalige Freund der Sängerin im 7. Beispiel verhalten. (Ein überzeugter Egoist müßte dies bestreiten und behaupten, daß *jegliches* menschliche Verhalten eigennützig und eigensüchtig ist und gar nichts anders sein kann, auch wenn der Anschein ein anderer ist.)

ALLES,

Bisher hat sich gezeigt, daß es zu Mißverständnissen führt, wenn man die Begriffe »Moral« und »Sitte« oder »Brauch« und »Gewohnheit« gleichsetzt, obwohl sie ursprünglich das gleiche meinten.

Doch damit nicht genug. Im folgenden soll überzeugend nachgewiesen werden, daß ein Großteil *aller* »Sitten«, »Gebräuche« und »Gewohnheiten« nichts mit dem zu tun hat, was wir (inzwischen) unter »Moral« verstehen.

Die fast unüberschaubare große Zahl von Sitten, Gewohnheiten und Bräuchen, die es auf der ganzen Welt gibt, kann man in zwei große Gruppen aufteilen:

1. Die guten alten Bräuche

Zur ersten Gruppe gehören all die Regeln und Vorschriften, die sich nicht oder nicht direkt auf den Umgang mit Menschen beziehen. Dazu gehört zum Beispiel der alte Brauch, zu Weihnachten einen Tannenbaum aufzustellen, die Gewohnheit, den Ehering an einem bestimmten Finger der linken oder rechten Hand zu tragen, die Sitte, kleine Jungen in Blau und Mädchen in Rosa zu kleiden, usw.

Je nach Land, Volk und Zeit fallen diese Sitten, Gewohnheiten oder Bräuche sehr verschieden aus, und sie sind im Laufe der Zeit vor allem deswegen zustandegekommen, weil es *praktisch, schön* oder *klug* ist, sich in bestimmten Situationen so und nicht anders zu verhalten.

Manche dieser Sitten haben sich über Jahrhunderte hinweg fast unverändert erhalten, die meisten aber haben sich mit der Zeit geändert oder sind ganz verschwunden.

Entscheidend ist nun, daß es jedem Menschen im Prinzip frei steht, sich an diese Gruppe von Verhaltensvorschriften

zu halten oder nicht, ohne daß man ihn deswegen als »guten« oder »schlechten« Menschen bezeichnen könnte. Wer diese Regeln befolgt, hat »lediglich« gute Manieren, einen guten Geschmack oder lebt traditionsbewußt. Das schließt freilich nicht aus, daß jemand, der diesen Gewohnheiten oder Bräuchen zuwiderhandelt, von seinen Mitmenschen getadelt, schief angesehen oder gar bestraft wird.
Aber alle diese Verhaltensregeln haben keinerlei Bedeutung für die Moral, das moralisch gute Handeln oder Leben der Menschen!

2. Sitte und Konventionen

Dafür kommen nur Vorschriften und Regeln in Betracht, die zur zweiten Gruppe von Sitten und Gewohnheiten gehören und die sämtlich in irgendeiner Form das menschliche Miteinander regulieren und reglementieren. Dazu gehört beispielsweise die Sitte, sich bei der Begrüßung die Hand zu geben, einen Erwachsenen mit »Sie« und Kinder mit »Du« anzureden, sich im Straßenverkehr prinzipiell links oder rechts zu bewegen, niemanden anzulügen, sich um seine Kinder zu kümmern, pünktlich zu sein, niemanden zu bestehlen, nicht einfach dazwischenzusprechen usw.
Diese und andere Verhaltensregeln haben aber für das Zusammenleben der Menschen – in größeren oder kleineren Gruppen – eine unterschiedliche Bedeutung: einige von ihnen sind (über)lebenswichtig, auf andere könnte man – im Notfall – auch verzichten. Zu den letzteren gehören alle diejenigen Verhaltensregeln, die man üblicherweise als *Konvention* bezeichnet. Sie dienen genau wie alle Regeln der ersten Gruppe dazu, den Umgang der Menschen

Gerard Hoffnung

miteinander *einfacher, angenehmer* und *schöner* zu gestalten. Wer sich an sie hält, wird taktvoll, vornehm, höflich oder gesittet genannt. Im Hinblick auf das Leben in einer bestimmten Gruppe vermitteln sie dem einzelnen das Gefühl von Heimat und Zugehörigkeit.

Dennoch sind alle Konventionen außermoralischer Natur, weil es bei ihrer Befolgung niemals um die Frage geht, ob man »gut« oder »schlecht« handelt. (Wer zum Beispiel die englische Gentlemenregel »Ladies first« nicht beachtet, wird schlimmstenfalls als unhöflich angesehen.)

Ist man sich nun nicht darüber im klaren, ob eine mitmenschliche Verhaltensregel »bloß« Konvention ist oder mehr, so braucht man sich lediglich die Frage stellen, ob man einem Fremden daraus einen Vorwurf machen würde, wenn er gegen die entsprechende Vorschrift verstößt. Wenn ja, handelt es sich mit Sicherheit um eine moralische Verhaltensnorm, die unabhängig von Nationalität oder Herkunft ganz allgemein gültig ist.

Zusammenfassend ist festzuhalten, daß die Verhaltensregeln, die als Sitte, Brauch oder Gewohnheit an den Menschen herangetragen werden, sich entweder auf eine bestimmte Form des Umgangs mit Menschen oder Dingen beziehen, die man zu bestimmten Zeiten als üblich oder angemessen bezeichnet, oder aber auf menschliches Miteinander überhaupt und in ihrer Gesamtheit das »ausmachen«, was man *Moral* nennt.

HÖFLICHKEIT
BEI VERSCHIEDENEN UNVERMEIDLICHEN
GESETZESÜBERTRETUNGEN

Es scheint müßig, die selbstverständlichen Formen der Höflichkeit zu loben: daß man natürlich einem Kind die Haustür aufhält; ein Kind beim Einkaufen nicht nur nicht zurückdrängt, sondern vorläßt; ein ermüdetes Schulkind, das streßgeplagt heimwärts fährt, friedlich seinen Sitzplatz in der Straßenbahn, in Bus oder Eisenbahn genießen läßt, ohne es verbal oder sei es auch nur durch erzieherisch-moralisches Anstarren in seinem wohlverdienten Frieden zu stören (...). Solche Formen der Höflichkeit erscheinen mir als zu selbstverständlich, als daß ich mehr als andeutungsweise auf sie eingehen möchte.

So schwierig wie notwendig dagegen erscheint es mir, auf Höflichkeit in unkonventionellen, ja sogar illegalen Situationen hinzuweisen. Es muß betont werden, daß die Handlungen, auf die ich eingehen möchte, AN SICH nicht nur unkonventionell oder unsittlich, sondern ausgesprochen kriminell sind. Nehmen wir etwa ein AN SICH so kriminelles wie unhöfliches Delikt wie den Bankraub oder den Banküberfall, und denken wir an jene bis dato so gesetzestreue, anständige, ehrenwerte Dame, die am hellichten Tag – genauer gesagt gegen 15.29 Uhr – im Vorort einer deutschen Großstadt eine Sparkasse um 7000 Mark erleichterte. Man muß sich das einmal vorstellen: eine einundsechzigjährige Dame von der Sorte, die man zerbrechlich nennt, bei deren Anblick man an Patiencen oder Bridge denkt, Witwe eines Oberstleutnants, betritt die Filiale einer Sparkasse, um sich illegal in den Besitz von Geld zu bringen! Wenn diese Dame als die »höfliche Bankräuberin« bekanntgeworden, sogar in den Polizeiakten als solche bezeichnet worden ist, so ist mit dem Adjektiv höflich ihre besondere Gefährlichkeit gemeint. Diese Dame hat instinktiv getan, was der höfliche Bankräuber tun muß: an Waffen, an Gewalt, an Geschrei gar nicht erst zu denken, solche plumpen Methoden gar nicht erst zu erwägen. Es ist ja nicht nur unhöflich, auch gefährlich, mit Pistolen oder Maschinengewehren herumzufuchteln und zu schreien: »Her mit dem Zaster, oder es knallt!«, und natürlich geht eine Dame wie die unsrige nicht einfach aus abstrakter Geldgier in die nächstbeste Bank, auch nicht, weil sie plötzlich aus dem Gleichgewicht geraten ist, sondern weil sie in einer vertrackten Situation ihr Gleichgewicht wiedergefunden hat. Sie hat sich diese Aktion genau überlegt und hat ihre Motive!

Die Zwangslage, die diese Dame zu jener gelinde gesagt unkonventionellen Handlung zwingt, muß kurz skizziert werden: sie hat einen Sohn, der auf die schiefe Bahn geraten, verschiedene kleine Haftstrafen abgesessen, nun aber, wieder einmal aus dem Gefängnis entlassen, eine Freundin gefunden hat, die stabilisierend auf ihn wirkt und einwirkt, er soll eine Chance als Arzneimittelvertreter bekommen – seine Mutter hat ein kleines Vermögen an Telefon und Portokosten ausgegeben, hat sämtliche Beziehungen – darunter solche zu zwei noch aktiven Generalen – spielen lassen, um ihm diese Chance zu verschaffen. Und nun kommt unerwartet und im letzten Augenblick die Forderung der Firma: 5000 Mark Kaution! Die Mutter – jene Dame, die als die höfliche Bankräuberin bekannt geworden ist – hat ihm eine kleine Wohnung besorgt, sie hat Zuneigung zu seiner Freundin gefaßt, alles läuft bestens, und nun das Unvorhergesehene: 5000 Mark Kaution! Man muß sich das einmal vorstellen: die Dame hat ihr Bankkonto schon erheblich überstrapaziert, ihre Pension ist auf ein Existenzminimum geschrumpft, der größere Teil geht in die Kasse der Bank zurück, sie hat angepumpt, wen immer sie anpumpen konnte, Bridgefreundinnen, alte Kameraden ihres Mannes, darunter zwei Obristen und ein General, lauter nette Menschen; sie hat schon das Frühstücksei von ihrem Menü gestrichen, und nun steht sie da in ihrer Wohnung, und es fällt ihr nur der Spruch ein: »Woher nehmen, ohne zu stehlen?«, und dieser so beliebte Spruch wird der Sparkasse zum relativen Verhängnis. »Woher nehmen, ohne zu stehlen« – da bietet sich ja das Stehlen sozusagen von selbst an. Es muß hinzugefügt werden, daß die Dame nicht nur zerbrechlich, auch stolz ist. Immer wieder hat sie sich demütigen, hat sich belehren lassen müssen, sie hat hämische Bemerkungen über ihren geliebten Sohn geschluckt, sie hat den größeren Teil ihrer Möbel verkauft, hat ihren Collie abgeschafft, an dem sie sehr hing, und sich darüber mit ihrer besten Freundin zerstritten, die tatsächlich sagte: »Ein Hund für einen Hund – das ist kein Geschäft«, sie hat ihren Sohn in einigen Gefängnissen besucht, Anwälte bezahlt, Reisekosten gehabt. Der einzige Luxus, den sie noch hat, ist das Telefon: damit ihr Sohn sie jederzeit anrufen kann, sie ihn, wenn er gerade Telefon hat. Es gibt sogar Augenblicke, wo sie ihn nicht nur zu verstehen *glaubt*, sondern sogar versteht. Die gesellschaftlichen Erfahrungen der vergangenen vier Jahre haben sie innerlich an den Rand der Asozialität gedrängt, äußerlich noch nicht: sie ist eine gepflegte Dame, sieht jünger aus, als sie ist, und nun, nachdem ihr Sohn telefonisch Alarm gegeben hat, fällt ihr der verhängnisvolle Spruch ein: »Woher nehmen, ohne zu stehlen«, und die

Moral dieses Spruchs hakt bei ihr an einer Stelle ein, die die Verbreiter solcher Sprüche nicht vorausgeahnt haben. Stehlen, denkt sie, das ist die Lösung, als ihr gegen 12.00 Uhr jene gepflegte kleine Sparkassenzweigstelle einfällt, die in einem benachbarten Vorort am Rande eines Parks liegt. Bevor sie das Haus verläßt, füttert sie noch ihre hübschen Zwergfinken. Das Wort Stehlen, ihr so unvertraut, wird ihr immer geläufiger, während sie sich dem Park im Nachbarvorort nähert, den sie ungefähr gegen 15.05 Uhr erreicht. Stehlen, denkt sie, wo stiehlt man Brot? In der Bäckerei. Wo stiehlt man Wurst? In der Metzgerei. Wo stiehlt man Geld? Aus einer Ladenkasse oder in einer Bank. Die Ladenkasse wird sofort ausgeschlossen, das ist ihr zu *persönlich*, sie will niemanden direkt berauben; außerdem: in welcher Ladenkasse sind schon 5000 Mark? Eine Ladenkasse zu berauben kommt ihr auch zu zudringlich, fast aufdringlich vor. Gewissensbisse hat sie schon längst keine mehr, schon ist sie in taktischen und strategischen Überlegungen begriffen; sie blickt aus einem Gebüsch auf die kleine, sehr vornehme Sparkasse da drüben, von der sie weiß, daß sie um 15.30 Uhr schließt. Der Schalterraum ist leer, und es schießen ihr merkwürdige Dinge durch den Kopf: sie hat natürlich hin und wieder ferngesehen, geht auch schon mal ins Kino, und sie denkt – nicht an Waffen, nicht einmal an Spielzeugwaffen, sondern sie denkt an den Strumpf, den man sich übers Gesicht zieht: das hat ihr immer ein Schaudern verursacht, weil es ihr ästhetisches Gefühl verletzte, wie da ein menschliches Antlitz verunstaltet wurde; außerdem findet sie es unter ihrer Würde, hier in diesem Gebüsch eines ihrer Beine des Strumpfes zu berauben; das würde sie ja auch für eventuelle Verfolger kenntlich machen. In dieser Überlegung *treffen* sich – wie der geneigte Leser sofort feststellt – Ästhetik, Moral und Taktik in einmaliger Weise! In ihrer Handtasche hat sie eine riesige Sonnenbrille – ein Geschenk ihres Sohnes, der meinte, die würde ihr gut stehen – sie setzt die Brille auf, zerwühlt sich das ansonsten so gepflegte Haar, tritt aus dem Gebüsch, überquert die Straße, betritt die Sparkasse: am rechten Schalter eine junge Dame, die mit Buchungsbelegen beschäftigt ist und ihr freundlich zulächelt, ein bißchen gequält, weil der Schalterschluß nur noch wenige Minuten bevorsteht; der mittlere Schalter ist geschlossen; am linken steht ein junger Mann von etwa vierunddreißig und zählt die Tageskasse; er blickt auf, lächelt sie höflich an und sagt das übliche: »Womit kann ich Ihnen dienen, gnädige Frau?« In diesem Augenblick greift sie in ihre Handtasche, zieht die Hand als geballte Faust heraus, tritt näher an den Schalter heran, und flüstert: »Eine außergewöhnliche Zwangslage zwingt mich zu diesem leider unvermeidlichen Überfall. In meiner rechten Hand habe ich eine Nitritkapsel, die großes Unheil anrichten kann. Ich bedauere außerordentlich, daß ich Ihnen drohen muß, aber ich brauche sofort 5000 Mark. Geben Sie sie mir. Sonst...« Die Tragik der Situation wird hier erhöht durch die Tatsache, daß auch der Bankbeamte – wie die meisten seiner Kollegen – ein höflicher Mensch ist, dem das »sonst« nicht den geringsten Schrecken einjagt, der die Not der Dame aber sofort begreift. Er hält im Zählen – er ist ausgerechnet bei den Fünfhundertmarkscheinen – inne und flüstert: »Sie bringen mich in eine peinliche Lage, wenn Sie nicht mehr Gewalt anwenden. Kein Mensch wird mir die explosive Kapsel glauben, wenn Sie nicht schreien, drohen, eine

glaubwürdige Szene aufführen. Schließlich gibt es auch bei Banküberfällen Spielregeln. Sie machen das ganz falsch.« In diesem Augenblick verläßt die junge Dame ihren Schalter, schließt die Bank von innen ab, läßt aber den Schlüssel stecken. Die alte Dame, nicht weniger entschlossen, sondern entschlossener denn je, erkennt ihre Chance. »Diese Kapsel«, flüstert sie drohend. »Nitrit«, sagt der Bankbeamte, »ist nicht explosiv, sondern nur giftig. Wahrscheinlich meinen Sie Nitroglyzerin.« »Das meine ich nicht nur, das habe ich.« Man sieht schon, daß der Bankbeamte – bzw. sein Geld – verloren ist. Anstatt einfach den Alarmknopf zu drücken, läßt er sich auf Diskussion ein, außerdem hat er doch inzwischen Schweißtröpfchen auf Stirn und Oberlippe und grübelt darüber nach, wozu die Dame das Geld wohl brauchen könnte: trinkt sie? ist sie süchtig? hat sie Spielschulden? einen rebellischen Liebhaber? Er grübelt zu viel, macht nicht von seinem Recht Gebrauch, und in diesem – man kann wohl sagen stark meditativen Intermezzo, greift die alte Dame einfach durch den Schalter, schlau genug, dies mit der linken Hand zu tun, ergreift soviel Fünfhundertmarkscheine, wie sie greifen kann, rennt zur Tür, schließt sie auf, überquert die Straße, verschwindet im Gebüsch – und erst als sie schon lange außer Sichtweite ist, gibt der Beamte Alarm. Es ist ziemlich sicher, daß *dieser* Bankbeamte einem unhöflichen Bankräuber viel energischer entgegengetreten wäre, er hätte ihm auf die geballte Faust geschlagen, Alarm gegeben.

Diese Sache hatte natürlich verschiedene Nachspiele. Die wichtigsten seien hier angedeutet: die Dame wurde nie geschnappt, der Kassierer wurde nicht entlassen, nur an eine

Stelle versetzt, wo er weder mit Geld noch mit Publikum direkten Kontakt hatte. Als die Dame feststellt, daß sie statt 5000 Mark 7000 Mark erwischt hat, überwies sie 1900 zurück, denn sie war raffiniert genug, das Geld nicht telegrafisch zu überweisen, was ja zu ihrer Identifizierung hätte führen können, sie erlaubte sich ein Taxi, fuhr zum Bahnhof, mit dem nächsten Zug zu ihrem Sohn – und das kostete sie etwa 90 Mark, die restlichen 10 gebrauchte sie für Kaffee und Kognak, die sie im Speisewagen zu sich nahm – und verdient zu haben glaubte. Sie legte ihrem Sohn, als sie ihm das Geld übergab, die Hand auf den Mund und sagte: »Frag *nie*, woher ich's habe.« Fast überflüssig zu sagen, daß es mit ihrem Sohn ein gutes Ende nahm: er las natürlich in der Zeitung von dem merkwürdigen Überfall der »höflichen Bankräuberin«, und dieser Akt der Solidarisierung durch eine kriminelle Handlung von seiten seiner Mutter wirkte moralisch stabilisierend auf ihn, mehr als einige tausend gute Ratschläge, mehr auch als seine stabilisierende Freundin; er wurde ein zuverlässiger Arzneimittelvertreter mit Aufstiegschancen, konnte es sich allerdings nicht verkneifen, seiner Mutter bei mehreren Gelegenheiten zu sagen: »Daß du *das* für mich getan hast.« *Was* wurde nie ausgesprochen. Nach längeren Beratungen mit sich selbst setzte die Dame die Rückzahlungsraten an die Bank auf eine Mark monatlich an, ihre Begründung für diese geringe Rate: »Banken können warten.« Dem Bankbeamten schickte sie hin und wieder Blumen, ein Buch oder ein Theaterbillet und vermachte ihm das einzige wertvolle Möbelstück, das sie noch besaß: eine geschnitzte Hausapotheke in neogotischem Stil.

Heinrich Böll

Moral und Recht

3. Moral

Den Verboten und Geboten der Moral ist vor allem auch deswegen ein Sonderstatus gegenüber allen anderen Regeln menschlichen Miteinanders einzuräumen, weil ihre Anerkennung das Zusammenleben in einer Gemeinschaft überhaupt erst ermöglicht bzw. ihre Nichtbeachtung das Führen einer menschenwürdigen Existenz bedroht, einengt oder unmöglich macht.

Im Gegensatz zu den vielen verschiedenen Gebräuchen, Sitten oder Gewohnheiten, die es in den unterschiedlichen Kulturen der Welt gibt, sind die Vorschriften der Moral *jedermann* bekannt, auch wenn man sich dessen nicht bewußt sein sollte. Und in der Regel sind sie es auch, die uns ein schlechtes *Gewissen* machen, denn von dort aus melden sie gegenüber dem einzelnen ihre Ansprüche an.

Die wichtigsten Moralgesetze sind zum Beispiel in den Zehn Geboten des Alten Testaments zu finden. Denn was würde geschehen, wenn sich niemand an das siebte Gebot: »Du sollst nicht lügen« halten würde? Keiner könnte mehr dem anderen trauen, und das eigene Leben wäre ständig in Gefahr, vernichtet zu werden.

Mit dem Hinweis auf die Zehn Gebote ist natürlich noch nicht alles über Moral gesagt, geschweige denn erklärt worden, welche allgemeinen Kennzeichen eine moralische Norm oder Regel besitzt und woran man moralische Urteile oder Verhaltensweisen erkennen kann.

Aber bevor darauf näher eingegangen werden soll, ist noch eine andere Gruppe von menschlichen Verhaltensregeln näher zu betrachten, die oft mit Moral verwechselt werden: die Rechtsnormen.

4. Das Recht

Im Laufe der Zeit haben die Menschen aus gutem Grund die wichtigsten moralischen Gebote als Gesetze für jedermann verbindlich gemacht. Denn nur unter der Voraussetzung, daß die Menschen Engel wären, ist es denkbar, ein gut funktionierendes Gemeinwesen allein vom guten Willen aller Bürger abhängig zu machen. Da wir aber nur (schwache und sündige) Menschen sind, war und ist es unumgänglich, die wichtigsten Regeln menschlichen Miteinanders in Form von Gesetzen schwarz auf weiß festzuhalten und für jedermann einklagbar zu machen.
Darüber hinaus ist in den meisten Gesetzen auch Art und Umfang der Bestrafung genannt, die jedem droht, der ihnen zuwiderhandelt.

5. Moral und Recht

Diese Art der Festsetzung trifft auf die Moral nicht zu! Es gibt bei ihr auch keinen bestimmten Tag, seit dem sie wie Rechtsverordnungen in Kraft ist oder abgeändert wurde, keine bestimmte Person (Diktator) oder eine Institution (Parlament bzw. Partei), die sie erlassen oder abschaffen kann. Denn niemand wird sinnvollerweise behaupten können, daß es seit dem Jahr X unmoralisch ist, jemanden zu betrügen, vorher aber nicht.
Auch was die »Bestrafung« angeht, unterscheiden sich Moral und Gesetz. Wer unmoralisch handelt, ohne ein Gesetz zu übertreten, wird in der Regel von seinen Mitmenschen »nur« getadelt, gemieden oder verachtet. (Die Prügelstrafe als Erziehungsmittel wurde aus moralischen Gründen abgeschafft!)

Außerdem besitzen moralische Gebote, wie zum Beispiel das Gebot der Nächstenliebe, auch dann noch ihre Gültigkeit, wenn sich niemand mehr an sie hält. Der gravierendste Unterschied zwischen Recht und Moral besteht aber wohl darin, daß moralische Ge- und Verbote nicht nur auf das äußere Verhalten eines Menschen Bezug nehmen, sondern auch auf seine innere Einstellung. Dies wurde unausgesprochen auch schon bei der Geschichte vom »bösen Friederich« deutlich: Wie das Adjektiv »böse« verrät, bewerten wir nicht nur einzelne Verhaltensweisen eines Menschen als moralisch »gut« oder »schlecht«, sondern auch seinen Charakter.

F. K. Waechter

Ist Küssen unmoralisch?

Wie sehr sich die Bereiche *Moral, Recht* und *Sitte* überschneiden können, macht folgendes nicht erfundene Beispiel sehr schön deutlich:

An Münchens Isarstrand tauschte vor einiger Zeit ein Liebespaar in Badebekleidung auf einer Decke Zärtlichkeiten aus. Ein zufällig vorbeikommender Spaziergänger beobachtete dieses Treiben zunächst für einige Zeit aus kürzerer, wenig später dann noch einmal aus weiterer Entfernung. »Früher hat es so etwas nicht gegeben« – mag er gedacht haben. Und vom sittlichen Standpunkt aus betrachtet, wäre es auch durchaus verständlich, wenn er sich nicht interessiert, sondern empört gezeigt hätte. Denn noch um die Jahrhundertwende galt es als höchst *unsittlich*, wenn ein junges Mädchen allein mit einem fremden Mann auf der Straße gesehen wurde.

Aber es kam ganz anders: Das junge Liebespaar fühlte sich umgekehrt durch den Zuschauer gestört, und nach einem erregten Wortwechsel stellte der junge Mann Strafantrag wegen Beleidigung. In zwei Instanzen wurde der allzu interessierte Zuschauer von Rechts wegen tatsächlich verurteilt und schließlich in der dritten Instanz freigesprochen. Die Richter der dritten Instanz beschäftigte vor allem die Frage, ob das schmusende Liebespaar durch das Hinsehen des Spaziergängers *beleidigt* worden sei. Denn nur ein solches Verhalten ist nach der herrschenden Rechtsordnung *strafbar*. Dies wäre aber nach Auffassung des Gerichts nur dann der Fall gewesen, wenn jener Zuschauer ungebeten in die Intimsphäre der beiden eingedrungen wäre.

Dieser Fall hat aber auch eine *moralische Seite*. Denn man könnte das Beobachten des schmusenden Paares auch als eine herabwürdigende *Achtungs*verletzung der beteiligten Personen sehen. Aber Zärtlichkeiten zwischen Liebenden sind doch die selbstverständlichste und schönste »Sache« der Welt – möchte man einwenden. Und wem sollte ein solcher Anblick schaden? Ist die ganze Angelegenheit vielleicht nur eine Frage des persönlichen Geschmacks?

Eva M. von Münch

Thyrso A. Brisólla

Natürlich ist nicht jeder, der unmoralisch handelt, deshalb auch ein schlechter *Mensch*. Denn auch ein an sich guter Mensch kann im Einzelfall unmoralisch handeln, ebenso wie ein durch und durch schlechter Mensch Gutes tun kann. Es ist sogar möglich, moralisch schlecht zu handeln und dabei das moralisch Gute zu wollen. Als berühmte Beispiele seien hier nur Robin Hood und Karl Moor (aus Schillers »Die Räuber«) angeführt, die reiche Mitbürger beraubten, um so den Armen zu helfen. Ob allerdings ein moralisch guter Zweck den Einsatz unmoralischer Mittel rechtfertigt, soll und kann an dieser Stelle noch nicht beantwortet werden.

Ob man ein Gesetz nur deswegen befolgt, weil man sich dadurch einen persönlichen Vorteil verspricht, spielt rein rechtlich gesehen überhaupt keine Rolle. Und ebenso geschieht einem Menschen, der sich gegenüber Frau oder Kindern boshaft und gemein verhält und ihnen so das Leben zur Hölle macht, von Rechts wegen gar nichts, obwohl sein Verhalten moralisch gesehen höchst verwerflich ist.

Aber obwohl die Regeln der Konvention, die Gebote der Moral und die Rechtsverordnungen oder Gesetze eine ganz unterschiedliche Bedeutung für das menschliche Miteinander haben, bzw. ihre Mißachtung ganz verschiedenartig beurteilt und bestraft wird, ist ihnen doch etwas gemeinsam: sie treten dem einzelnen als *Gebote* oder *Verbote* in Form von Befehls- und Aufforderungssätzen gegenüber.

Das bedeutet natürlich nicht, daß alle Befehls- oder Aufforderungssätze auch Regeln beinhalten, die das zwischenmenschliche Verhalten beeinflussen sollen. Im Gegenteil, die meisten Sätze dieser Art sind ganz anderer Natur. Sie schreiben uns »lediglich« ein bestimmtes Verhalten gegenüber Dingen und Vorgängen technischer Natur vor – sofern wir an der Erreichung eines für uns wichtigen Ziels oder Zwecks interessiert sind.

Wer zum Beispiel mit einem Auto fahren will, sieht sich, ausgesprochen oder nicht, folgenden Aufforderungssätzen gegenübergestellt: »Stecke den Zündschlüssel ins Lenkradschloß! Betätige den Anlasser! Tritt die Kupplung! usw.« Doch diese Gebote gelten nur für denjenigen, der tatsächlich einen Wagen steuern will, ansonsten sind sie belanglos.

Mit den Ge- und Verboten der Moral dagegen verhält es sich ganz anders. Sie nennen keine spezielle Bedingung, die man akzeptieren muß, um ihnen Folge zu leisten. Sie *fordern*, was sie fordern – zum Beispiel: »Du sollst nicht töten!« –, *absolut*, ganz ohne Rücksicht darauf, ob der einzelne, der ihnen gehorchen soll, an dem Ergebnis der entsprechenden Handlung interessiert ist oder nicht.

Dieser unbedingte Anspruch moralischer Ge- und Verbote verträgt sich durchaus mit der Tatsache, daß der moralisch Handelnde am friedlichen und glücklichen Zusammenleben *aller* Menschen *interessiert* ist. Denn nur derjenige, der die

letzten Ziele moralisch guten Handelns kennt, kann abschätzen, ob *sein* Handeln zur Erreichung dieses Ziels beiträgt. Die Regeln der Konvention, die Gebote der Moral und die Rechtsverordnungen haben aber noch ein zweites gemeinsam: unsere Einschätzung von Menschen, die sie in Gedanke oder Tat befolgen oder nicht, bringen wir immer in Form eines *Werturteils* zum Ausdruck. Das bedeutet: wir kennzeichnen bestimmte Verhaltensweisen als gut oder wertvoll und andere als schlecht oder wertlos.

Tatsachenurteile dagegen enthalten sich jeder Bewertung und sagen nur aus, ob ein entsprechender Sachverhalt vorliegt oder nicht. Behaupte ich zum Beispiel, dieser Kaffee schmecke »gut«, dann fälle ich ein Werturteil. (In diesem Fall handelt es sich um ein persönliches Geschmacksurteil!) Sage ich aber, er sei »schwarz«, dann spreche ich ein Tatsachenurteil aus, indem ich mich lediglich auf eine bestimmte Eigenschaft dieses Kaffees beziehe, die jedermann überprüfen kann.

Aber auch Werturteile können in dieser Weise allgemeingültig sein, vor allen Dingen, wenn es sich um moralische Werturteile handelt. Trotzdem oder gerade deswegen fällt es oft sehr schwer, zwischen einem moralischen und einem außermoralischen Werturteil zu unterscheiden. Ein Beispiel soll das erläutern: Zwei Fußballfans sind sich darüber einig, daß Paul Breitner ein »guter« Fußballspieler ist. Im Laufe

Moral und Klugheit

ihres Gesprächs stellt sich aber heraus, daß der eine Fan mit seinem Urteil Paul Breitners fußballtaktisch kluges Umgehen mit dem Ball positiv bewertet, der andere aber sein auffallend faires Umgehen mit Mannschaftskollegen und Gegnern. Beide Fußballfans haben nun zweifelsohne ein Werturteil gefällt. Das erste Breitner-Urteil ist jedoch ein außermoralisches Werturteil: es bewertet eine bestimmte Fähigkeit Breitners, mit dem Ball umzugehen. Das zweite Breitner-Urteil dagegen bewertet sein Verhalten zu seinen Mitmenschen und wäre ohne weiteres durch das Urteil: »Paul Breitner ist ein guter Mensch« ersetzbar und somit eindeutig ein moralisches Werturteil.

Bevor abschließend geklärt werden soll, was maßgeblich darüber entscheidet, ob ein Werturteil moralisch ist oder nicht, ist noch auf eine zweite Gruppe von Verhaltensregeln einzugehen, die allzugern mit Moral verwechselt werden: die Regeln der Klugheit.

6. Klugheit

Welcher Leser des »Struwwelpeter« kennt nicht die Geschichte vom »Daumenlutscher«, dessen schreckliche Drohung zur grausamen Wahrheit wird. Absichtlich oder nicht werden die Leser dieser Bildergeschichte darüber im unklaren gelassen, ob Konrad seinen Daumen deswegen verliert, weil er ungehorsam war oder weil er durch sein Daumenlutschen das Wachstum seiner Zähne negativ beeinflußte. Im ersten Fall kann man sich darüber streiten, ob Konrad vom moralischen Standpunkt aus gesehen ein »schlechter« Junge war, nicht aber darüber, ob das Daumenlutschen selbst moralisch gut oder schlecht ist – das ist nur eine Frage der Klugheit.

Regeln dieser Art gibt es noch unendlich viele, und es ist auch gar nicht so selten, daß sie das gleiche Verhalten wie die Regeln der Moral vorschreiben.

Aber – und das ist der entscheidende Unterschied! – sie nehmen nur Rücksicht auf die Wünsche und Interessen des *einzelnen*. Das Wohl und Wehe anderer ist für sie nur insoweit interessant, als es dem eigenen Glück und Vorteil dient. (Deshalb sind die moralisch Guten so oft auch die »Dummen«.) So kann es zum Beispiel in vielen Situationen klüger sein, die Wahrheit zu sagen, als zu lügen, aber ebenso ist auch der umgekehrte Fall möglich. Und je nachdem wird der Klügere »nachgeben«. Dabei spielt es gar keine Rolle, ob dieser Klügere ein Gauner und Betrüger oder ein grundehrlicher Mensch ist. Entscheidend für den Klugen ist allein die Frage, ob die eingesetzten Mittel dazu tauglich sind, das gesteckte gute oder schlechte Ziel zu erreichen oder nicht; sei es nun, daß man damit seine Mitmenschen freudig überrascht oder ihnen Schaden zufügt.

7. Moral

Im Gegensatz dazu kann und darf denjenigen, der moralisch »gut« handelt oder handeln will, *nur* das Wohl und Wehe seiner Mitmenschen interessieren, das durch die Befolgung der unbedingt fordernden Moralgebote erreicht werden soll.

So hat es zum Beispiel überhaupt nichts mit Moral zu tun – aber auch nichts mit Konvention oder Recht! –, wenn sich jemand einen roten Sportwagen kauft. Das ist allein eine Frage des persönlichen Geschmacks. Wenn aber bereits vor dem Kauf dieses Sportwagens feststeht, daß der Käufer dadurch seine Familie in eine finanzielle Notlage bringt, wäre der Kauf allerdings höchst unmoralisch. Ähnlich verhält es sich auch bei der Frage, ob man bei Glatteis seinen Wagen in der Garage stehen lassen soll oder nicht. Das ist in der Regel eine Frage der Klugheit. Wenn aber die Reifen dieses Wagens total abgefahren sind, wird die Entscheidung für oder gegen die Fahrt zu einem moralischen Problem, denn mit dem Fahren eines solchen Wagens setzt man mutwillig das Leben seiner Mitmenschen aufs Spiel.

F. K. Waechter

Reiche
&
Räuber

Was sind überhaupt Reiche, wenn die Gerechtigkeit fehlt, anderes als große Räuberbanden? Sind doch auch Räuberbanden nichts anderes als kleine Reiche. Sie sind eine Schar von Menschen, werden geleitet durch das Regiment eines Anführers, zusammengehalten durch Gesellschaftsvertrag und teilen ihre Beute nach Maßgabe ihrer Übereinkunft. Wenn eine solche schlimme Gesellschaft durch den Beitritt verworfener Menschen so ins große wächst, daß sie Gebiete besetzt, Niederlassungen gründet, Staaten erobert und Völker unterwirft, so kann sie mit Fug und Recht den Namen »Reich« annehmen, den ihr nunmehr die Öffentlichkeit beilegt, nicht als wäre die Habgier erloschen, sondern weil Straflosigkeit dafür eingetreten ist.

Hübsch und wahr ist der Ausspruch, den ein ertappter Seeräuber Alexander dem Großen gegenüber getan hat. Auf die Frage des Königs, was ihm denn einfalle, daß er das Meer unsicher mache, erwiderte er mit freimutigem Trotz: »Und was fällt dir ein, daß du den Erdkreis unsicher machst? Aber freilich, weil ich es mit einem armseligen Fahrzeug tue, nennt man mich einen Räuber, und dich nennt man Gebieter, weil du es mit einer großen Flotte tust.«

Augustinus
(354–430)

Aus:
»Vom Gottesstaat«

Charakteristisch und wichtig für moralische Verpflichtungs- und Werturteile ist aber vor allem der Umstand – und dadurch unterscheiden sie sich wesentlich von Rechtsvorschriften, von allen Konventionen und Sittlichkeitsregeln! –, daß sie Anspruch erheben, ohne Ausnahme zu gelten, *allgemeingültig* zu sein.

Das heißt, jeder, der in einem bestimmten Fall einen Mitmenschen moralisch verurteilt, verlangt und erwartet damit, ausgesprochen oder nicht, zugleich von allen anderen Mitmenschen, daß sie in gleichen oder ähnlichen Situationen genau dasselbe moralische Werturteil fällen.

Wer also einem Freund sagt, es sei unmoralisch, seiner Mutter Geld aus dem Portemonnaie zu nehmen, der behauptet damit zugleich, es sei immer und überall moralisch schlecht, jemanden zu bestehlen. Dagegen könnte man einwenden, daß es aber doch Menschen gibt, die soviel Geld besitzen, daß sie es gar nicht merken würden, wenn man ihnen ein wenig davon wegnähme; oder gar, daß es nur recht und billig sei, sie zu bestehlen, weil sie sich selber unrechtmäßig in den Besitz von Geld gebracht hätten. Denkbar wäre auch, daß man das Geld nur stehlen will, um damit einem anderen eine Freude zu machen oder noch Ärmere damit zu unterstützen.

Aber was man auch immer als Rechtfertigungsgrund anführen mag, vom moralischen Standpunkt aus gesehen, bleibt das Stehlen eine moralisch verwerfliche Handlung; Ausnahmen, die sonst die Regel bestätigen, kann es bei *grundsätzlichen* Verhaltensregeln für Menschen *nicht* geben, denn ein menschenwürdiges Zusammenleben wäre unter ständiger Berücksichtigung von Einzelinteressen weder denkbar noch durchführbar.

ICH BIN SO
FREI!

Moralische Normen und Bewertungen nehmen immer Bezug auf menschliches Handeln, indem sie es regulieren wollen und als »gut« oder »schlecht« kennzeichnen. Was bedeutet es aber, daß jemand handelt? Gibt es möglicherweise menschliche Tätigkeiten, die sich der moralischen Normierung und Bewertung entziehen?

Jeder Mensch kann in vielerlei Hinsicht aktiv werden: er kann atmen, beten, denken, essen, lachen, lernen, lieben, schlafen, spielen, schlagen, träumen, weinen, usw. Bei manchen dieser Tätigkeiten entsteht ein diese Tätigkeit überdauernder »Gegenstand«, wie zum Beispiel ein Buch, ein Tisch, eine Brücke, ein gutes Essen oder ein Bild. Andere dienen dazu, uns direkt oder indirekt Lebensmittel im weitesten Sinne des Wortes zu beschaffen, die wir zur Aufrechterhaltung unseres Daseins (unbedingt) benötigen. Wieder andere Tätigkeiten sind so eng an ihre Ausübung gebunden, daß sie sofort gegenstandslos werden, wenn wir aufhören, sie auszuführen, wie zum Beispiel das Lachen und Weinen, Essen, Spielen oder Schlafen.

Wie bereits angedeutet, sind nur solche menschliche Aktivitäten moralisch von Belang, die in welcher Form auch immer das Wohl und Wehe unserer Mitmenschen betreffen. Aber sind deshalb auch alle Tätigkeiten, die unsere Mitmenschen betreffen, moralisch beurteilbar? Wie schätzen wir zum Beispiel die Tat eines Triebtäters ein, der aus einem »inneren Zwang« heraus andere getötet hat? Er hat zweifelsohne dabei seine Mitmenschen »schlecht« behandelt, aber werden wir ihn deswegen auch (rechtlich und) moralisch für »schuldig« erklären?

Und was ist – moralisch gesehen – von einem Vater zu halten, der seine Kinder im Zorn grün und blau prügelt? Oder von einem Ehemann, der aus reiner Gewohnheit seiner Frau zum Hochzeitstag Blumen mitbringt? Wir werden sie mit Sicherheit dafür tadeln oder loben, aber nicht immer zur Verantwortung ziehen. Denn ganz offensichtlich haben sie nicht als freie und mündige Personen etwas geplant, ausgeführt und zu einem gewollten Ende gebracht.

Ein Trieb, ein Affekt oder die bloße Gewohnheit haben diese Menschen veranlaßt, sich so und nicht anders zu ihrer Umwelt zu verhalten! Sie waren, mit anderen Worten, lediglich das ausführende Organ einer »fremden«, sie bestimmenden Macht oder Gewalt, wobei es ganz egal ist, ob man diese nun »Natur« oder »Gesellschaft« nennt.

Das bedeutet freilich nicht, daß ein solches Verhalten damit für alle Zeiten als gerechtfertigt anzusehen ist! Im Gegenteil, es ist und bleibt moralisch gut oder schlecht, obwohl sich die Tat des einzelnen unter gewissen Voraussetzungen jeder moralischen Beurteilbarkeit entzieht.

Moralisch beurteilbare Handlungen sind nur solche, wo die handelnde Person als Person in Erscheinung tritt, d.h. sich *bewußt* und *frei* ein bestimmtes Ziel setzt, das sie selbst unter Berücksichtigung der Folgen für sich und andere verwirklichen will und deshalb auch verantworten kann und muß.

Ein Beispiel soll das bisher Gesagte verdeutlichen:

Wir alle blinzeln mit den Augen, wenn uns die Sonne blendet, oder damit unsere Hornhaut feucht bleibt. Dies geschieht ganz unwillkürlich. Ja, wir können gar nicht anders, selbst wenn wir es wollten. Das passiert natürlich auch, wenn wir mit anderen zusammen sind. Doch niemanden stört das, und es käme wohl keiner je auf die Idee, in einem solchen Fall

Das Problem der Willensfreiheit

Wilhelm Busch, Schopenhauer mit seinem Pudel Atman, um 1870

Der deutsche Philosoph Arthur Schopenhauer macht das Problem der Willensfreiheit an folgendem Beispiel klar: Man stelle sich einen Menschen vor, der, auf der Straße stehend, zu sich sagt: »Es ist sechs Uhr abends, die Tagesarbeit ist beendigt. Ich kann jetzt einen Spaziergang machen; oder ich kann in den Klub gehen; ich kann auch auf den Turm steigen, die Sonne untergehen sehen; ich kann auch ins Theater gehen; ich kann auch diesen oder jenen Freund besuchen; ja, ich kann auch zum Tor hinauslaufen in die weite Welt und nie wieder kommen. Das alles steht bei mir, ich habe völlige Freiheit dazu; tue jedoch davon jetzt nichts, sondern gehe ebenso freiwillig nach Hause, zu meiner Frau.«
Das ist geradeso, fährt Schopenhauer fort, als wenn das Wasser spräche: »Ich kann hohe Wellen schlagen (ja, nämlich im Meer und Sturm!); ich kann reißend hinabeilen (ja,

nämlich im Bette des Stromes!); ich kann schäumend und sprudelnd hinunterstürzen (ja, nämlich im Wasserfall!); ich kann frei als Strahl in die Luft steigen (ja, nämlich im Springbrunnen!); ich kann endlich gar verkochen und in die Luft verschwinden (ja, nämlich bei hundert Grad Wärme!); tue jedoch von allem nichts, sondern bleibe freiwillig, ruhig und klar im spiegelnden Teiche.«

Wie das Wasser jenes alles nur dann kann, wenn die bestimmten Ursachen zum einen oder anderen eintreten, ebenso kann jener Mensch, was er zu können wähnt, nur unter genau derselben Bedingung. Bis diese Bedingungen eintreten, ist es ihm unmöglich; treten sie aber ein, so ist es ihm nicht nur möglich, sondern eben das notwendig, für das die Ursachen eintreten. – Wenn jemand eine geladene Pistole in der Hand hält, so mag er wähnen, er könne sich damit beliebig erschießen; doch ist dies ganz irrig. Dazu ist nämlich das wenigste jenes mechanische Ausführmittel, die Hauptsache aber ist ein überaus starkes und seltenes Motiv, das die ungeheure Kraft hat, die Lust zum Leben oder die Furcht vor dem Tode zu überwinden. Sobald aber dieses Motiv einmal eingetreten ist, kann er sich nicht nur erschießen, sondern muß es. *Hans Menzel*

Arthur Schopenhauer (1788–1860)

von einer Handlung zu sprechen, die mitmenschlich gesehen von Bedeutung ist.

Ganz anders dagegen sieht es mit dem Blinzeln in folgender Situation aus: Immer wenn ein Herrscher sich über das Verhalten eines Untertanen ärgert, blinzelt er einem seiner Höflinge zu, worauf der bezeichnete Untertan sofort in Ketten gelegt wird. In diesem Fall liegt allerdings eine moralisch beurteilbare Willenshandlung vor, denn der Handelnde (= der Herrscher) ist sich über die Folgen seines Blinzelns nicht nur im klaren (= Kerkerhaft), sondern hat diese auch frei und bewußt gewollt.

Aber, um bei diesem konstruierten Beispiel zu bleiben, nicht in jedem Fall muß es auch zu der gewollten Ausführung des Herrscherbefehls kommen. Es ist nämlich durchaus möglich, daß das Blinzeln des Herrschers von seinen Höflingen gar nicht wahrgenommen wird oder der zu Kerkerhaft Verurteilte im letzten Moment entkommt.

Auch unsere eigene *Handlungsfreiheit* ist ähnlich wie in diesem Beispiel beschränkt. Selbst wenn wir es noch so sehr wollten, wir können uns nicht größer, kleiner, älter oder jünger machen als wir sind. Alter, Gesundheit, Geschlecht, Geld und vieles andere schränken uns in dem ein, was wir beabsichtigen. Im Extremfall können wir sogar dazu gezwungen werden, etwas zu tun, was wir weder wollen noch gutheißen. Wie ist aber ein solcher Mensch moralisch zu beurteilen, der gar keine oder nur sehr wenig Handlungsfreiheit besitzt? Oder gar ein Mensch, der gegen seinen Willen durch äußere oder innere »Umstände« dazu gezwungen wird, etwas moralisch Schlechtes zu tun?

Offensichtlich überhaupt nicht! Denn Handlungsfreiheit ist eine unabdingbare Voraussetzung dafür, daß jemand moralisch handeln kann bzw. beurteilbar ist. Aber Handlungsfreiheit als Voraussetzung für Moralität genügt noch nicht! Denn sie sagt noch nichts darüber aus, ob auch unser Wille bei seiner Entscheidung für oder gegen das moralisch Gute frei war oder nicht.

Doch erst unter der Voraussetzung der *Willensfreiheit* ist es angemessen, von Handlungen im Sinne mündiger Personalität zu sprechen, also von Handlungen, die das handelnde Subjekt auch selbst zu verantworten hat.

Die menschliche Willensfreiheit ist aber nicht damit zu verwechseln, daß man nach Ausführung einer Tat in der Lage ist, sich andere Handlungsmöglichkeiten als die ausgeführte vorzustellen. Um ein Beispiel zu nennen: Statt meine Frau zu beschimpfen, hätte ich ihr auch einen Kuß geben können. Tatsache ist und bleibt, daß ich sie beschimpft habe. Frage ich nun, bezogen auf dieses Beispiel, nach dem Vorhandensein menschlicher Willensfreiheit, dann lautet die alles entscheidende Frage: Hätte ich meiner Frau *unter den gegebenen Umständen wirklich* einen Kuß geben können?

Wir sind nur allzu gern bereit, eine solche Frage mit einem klaren Ja zu beantworten, weil wir uns in der Regel frei fühlen, dies zu wollen und jenes nicht. Aber reicht das vorhandene Gefühl der Freiheit aus, um tatsächlich von Willensfreiheit sprechen zu können?

Gefühle können bekanntermaßen täuschen, und es ist daher nicht auszuschließen, daß das, was wir Willensfreiheit nennen, in Wahrheit nur eine schöne Illusion ist. Außerdem sind inzwischen eine große Zahl von Wissenschaften in der Lage, uns mehr oder weniger überzeugend nachzuweisen, daß Veranlagung und Umwelt den Menschen so prägen, daß man prinzipiell für *jede* unserer Willensentscheidungen eine

Der böse Friederich

Der »böse« Friederich ist dann und nur dann moralisch zu verurteilen, wenn es so in seinem »Kopf« ausgesehen hat.

von uns selbst nicht frei zu verantwortende Ursache nennen könnte, die quasi hinter unserem Rücken eine bestimmte Entscheidung für oder gegen etwas mit Notwendigkeit herbeigeführt hat.

Wissenschaftlich gesehen muß es sogar für jeden Vorgang in dieser Welt eine Ursache geben, die ausnahmslos dem Gesetz der Kausalität (das ist der gesetzmäßige Zusammenhang von Wirkung und Ursache) gehorcht, weil unter einer anderen Voraussetzung wissenschaftliches Forschen und Erkennen sinnlos und unmöglich wäre.[1]

Aber auch in unserem Alltagsverständnis sind wir fest davon überzeugt, daß eine bestimmte Verhaltensweise mit Notwendigkeit eine einigermaßen voraussehbare Wirkung erzielt und umgekehrt jede Wirkung auch eine bestimmbare Ursache hat. Wäre es anders, würde uns kein Arzt ein Medikament verschreiben, kein Vater seine Kinder bestrafen, kein Mensch essen, wenn er Hunger hat, ja niemand könnte überhaupt etwas planen oder sinnvoll handeln.

Dennoch ist es unmöglich, das Zusammenspiel sämtlicher Faktoren, die eine menschliche Willensentscheidung (möglicherweise) beeinflussen, derart vollständig zu erfassen, daß man auch nur in bezug auf einen einzigen Fall wissenschaftlich haltbar – von der *totalen Fremdbestimmung* des menschlichen Willens sprechen könnte. Aber auch das tatsächliche Vorhandensein von menschlicher *Willensfreiheit* ist endgültig nicht beweisbar.

---

[1] *Um möglichen Mißverständnissen vorzubeugen, sei angemerkt, daß für die Wissenschaften neben dem Gesetz der Kausalität auch noch andere Formen gesetzmäßiger Zusammenhänge von grundlegender Bedeutung sind.*

Man sollte nun glauben, daß die Unentschiedenheit in dieser Frage Moral unmöglich mache, die ja ohne die Annahme menschlicher Willensfreiheit gar nicht sinnvoll denkbar ist.

Doch gerade weil sie weder endgültig zu beweisen noch zu widerlegen ist, spricht alles dafür, dem Menschen die Möglichkeit der freien Willensbestimmung eher zu- als abzusprechen. – Denn ohne Willensfreiheit wären wir nur wür-

Walter Kurowski

delose Marionetten, »von unbekannten Gewalten am Draht gezogen« (Georg Büchner, Danton), niemand könnte für sein Tun verantwortlich gemacht werden, und der Willkür wären Tür und Tor geöffnet. Daß ein menschenwürdiges Zusammenleben unter dieser Voraussetzung undenkbar ist, liegt klar auf der Hand.

Unter der grundsätzlichen Voraussetzung jedoch, daß der Wille nicht völlig determiniert ist und daß der einzelne für seine Taten einstehen kann und muß, ist unser Zusammenleben am besten einvernehmlich zu regeln.

Was du nicht willst...

Unter der Voraussetzung, daß der Mensch frei wollen und handeln kann, stellt sich die Frage, wonach er sein Handeln und Wollen ausrichten soll, sofern es den Anspruch erhebt, moralisch zu sein.

In der Regel treten dem einzelnen bei der Planung, Ausführung oder Beurteilung von Handlungen die verschiedensten, zum Teil sich widersprechenden Ge- und Verbote in Form von Sollensforderungen gegenüber.

Ein Beispiel soll dies erläutern:

Immer wieder stehen Ärzte und Verwandte vor dem Problem, ob sie einem Schwerkranken die Wahrheit über seinen (lebens-)gefährlichen Gesundheitszustand sagen sollen oder nicht.

Sind nun Ärzte und Verwandte verpflichtet, dem Patienten die (ganze) Wahrheit zu sagen, wenn er sie ausdrücklich zu hören wünscht, weil es unmoralisch ist zu lügen?

Oder müssen sie ihn belügen, um seinen Zustand nicht noch weiter zu verschlimmern?

In der Praxis wird man sich sehr oft – wenn auch vielleicht mit einem ungeten Gefühl – nach der Klugheitsregel richten, die da sagt: »Man muß nicht alles sagen, was wahr ist, aber was man sagt, muß wahr sein!« Moralisch gesehen stellt dies freilich keine Lösung des aufgeworfenen Problems dar.

Eine überzeugende Antwort auf die Frage nach dem moralisch Guten läßt sich nur im Rahmen einer moralischen Grundsatzdiskussion finden, die sich mit dem letzten Beurteilungs- und Begründungsmaßstab menschlichen Handelns auseinandersetzt. Daß eine solche Diskussion sogar unumgänglich ist, wird vor allem dadurch unterstrichen, daß menschliches Handeln in der Regel weitreichende und kaum übersehbare Folgen hat und jedermann bei der Ausrichtung seiner Handlungsweise zu Recht davon ausgehen möchte, daß sich auch alle anderen den gleichen Moralvorschriften verpflichtet fühlen.[1]

Auf das oben beschriebene Arzt-Patienten-Problem bezogen, wäre der Ansatzpunkt für eine solche Grundsatzdiskussion die Frage: »Ist das Wohlergehen eines (kranken) Menschen ein moralisch höherer Wert als die Wahrheit? Und wenn ja, warum?«

Das Stellen einer solchen Frage setzt natürlich voraus, daß es sinnvoll ist, allgemeingültige Handlungs- und Beurteilungskriterien für menschliches Tun aufzufinden und aufzustellen. Allgemeingültig insoweit, als sie sich auf jede zwischenmenschliche Situation anwenden lassen.

Dieser allgemeingültige Anspruch moralischer Handlungs- und Beurteilungsregeln ist im Laufe der Geschichte der Moralphilosophie immer wieder in Frage gestellt worden. Man behauptete nämlich, jede Situation sei einmalig und deshalb auch moralisch gesehen mit keiner anderen vergleichbar.

Einmal ganz abgesehen davon, daß sich diese situationsethische Moralposition selber in Widersprüche verwickelt – jedes moralische Einzelurteil bedarf zu seiner Begründung einer allgemeingültigen Norm –, steht sie vor allem im Widerspruch zu der sozialen Funktion von Moral: das Leben in einer menschlichen Gemeinschaft zu leiten und zu lenken. Diese Aufgabe kann Moral aber nur dann bewäl-

---

[1]*Von verschiedenen Moralphilosophen wurde und wird auch die Frage erörtert, ob der Mensch das moralische Gute allein um des Guten willen tun soll oder muß.*

tigen, wenn sie dem einzelnen einen allgemeingültigen Handlungs- und Beurteilungsmaßstab an die Hand gibt, der die Frage: »Was soll ich wann und wo auch immer tun, um moralisch gut zu handeln?« für alle denkbaren Lebenssituationen möglichst klar und eindeutig beantwortet.

Man sollte glauben, daß das Auffinden und Festsetzen eines solchen moralischen Maßstabs ganz einfach sei, weil es bei Moral doch immer um das Wohl und Wehe der Mitmenschen gehe. Demnach müßte jede Handlung, die dem Wohlergehen meiner Mitmenschen schadet, moralisch schlecht sein, und moralisch gut, wenn sie das Wohlergehen anderer befördert.

In der Tat haben einige Moralphilosophen das Gut- und Schlechtsein von Handlungen ausschließlich nur danach beurteilt, welche tatsächlichen *Folgen* sie für das Glück und Wohlergehen der von der jeweiligen Handlung Betroffenen haben. So wäre es zum Beispiel moralisch gut, Geld für in Not geratene Mitmenschen zu spenden, und schlecht, andere zu berauben oder zu belügen.

So weit, so gut, möchte man sagen. Aber wären mit diesem Moralprinzip nicht auch unter bestimmten Umständen Mord und Totschlag zu rechtfertigen? Dann nämlich, wenn es feststehen scheint oder auch nur behauptet wird, daß das Leben und Verhalten eines Menschen dem Glück und Wohlergehen der anderen mehr schadet als nützt und damit sein Weiterleben nicht als wünschenswert anzusehen ist.

Daß dies möglich ist, beweist auf grausamste Art und Weise die nationalsozialistische Ideologie. Über sechs Millionen Menschen wurden in deutschen Konzentrationslagern ermordet, und zwar nur deshalb, weil sie angeblich »Volksschädlinge« waren.

Urteilen Sie selbst!

Drei moralische Probiersteine

Löwe, Esel und Fuchs gingen gemeinsam auf die Jagd. Als sie reiche Beute gemacht hatten, beauftragte der Löwe den Esel mit der Verteilung. Der machte drei Teile und sagte dann dem Löwen, er solle sich einen aussuchen. Da war der Löwe so böse, daß er ihn auffraß und nun dem Fuchs den Auftrag gab, zu teilen. Der legte alles zusammen auf einen riesigen Haufen und forderte den Löwen auf, das zu nehmen; für sich selbst hatte er nur ein paar Knochen zurückbehalten. Als der Löwe fragte, wer ihn denn solche Teilung gelehrt habe, sagte er: »Das Mißgeschick des Esels!«

Äsop

Die Fabel zeigt...

..., daß man aus fremdem Unglück lernen kann!
..., daß Überleben mehr wert ist, als sein Recht zu behaupten!
..., daß man sich keinem Stärkeren widersetzen soll!
..., daß man nicht auf sein Recht pochen soll, wenn man es nicht durchsetzen kann.
..., daß der Stärkere immer recht hat!
..., daß Feigheit die Durchsetzung des Rechts verhindert.
..., daß der Löwenanteil dem Stärksten gehört.
..., daß es besser ist, ein Esel zu sein, als ungerecht zu handeln.
Welche dieser Lehren sind Ihrer Meinung nach moralischer Natur?

In seiner kleinen Abhandlung aus dem Jahre 1797 »Über ein vermeintes Recht aus Menschenliebe zu lügen« erörtert der deutsche Philosoph *Immanuel Kant* die Frage:
Darf ich einen Mörder, der einen meiner Freunde verfolgt, darüber belügen, daß er sich in mein Haus geflüchtet hat?

Hast du nämlich einen eben jetzt mit Mordsucht Umgehenden durch *eine Lüge* an der That verhindert, so bist du für alle Folgen, die daraus entspringen möchten, auf rechtliche Art verantwortlich. Bist du aber strenge bei der Wahrheit geblieben, so kann dir die öffentliche Gerechtigkeit nichts anhaben; die unvorhergesehene Folge mag sein, welche sie wolle. Es ist jedoch möglich, daß, nachdem du dem Mörder auf die Frage, ob der von ihm Angefeindete zu Hause sei, ehrlicherweise mit Ja geantwortet hast, dieser doch unbemerkt ausgegangen ist und so dem Mörder nicht in den Wurf gekommen, die That also nicht geschehen wäre; hast du aber gelogen und gesagt, er sei nicht zu Hause, und er ist auch wirklich (obzwar dir unbewußt) ausgegangen, wo denn der Mörder ihm im Weggehen begegnete und seine That an ihm verübte: so kannst du mit Recht als Urheber des Todes desselben angeklagt werden. Denn hättest du die Wahrheit, so gut du sie wußtest, gesagt: so wäre vielleicht der Mörder über dem Nachsuchen seines Feindes im Hause von herbeigelaufenen Nachbarn ergriffen und die That verhindert worden.

Wer also *lügt*, so gutmüthig er dabei auch gesinnt sein mag, muß die Folgen davon, selbst vor dem bürgerlichen Gerichtshofe, verantworten und dafür büßen, so unvorhergesehen sie auch immer sein mögen: weil Wahrhaftigkeit eine Pflicht ist, die als die Basis aller auf Vertrag zu gründenden Pflichten angesehen werden muß, deren Gesetz, wenn man ihr auch nur die geringste Ausnahme einräumt, schwankend und unnütz gemacht wird.

Was meinen Sie? Ist das moralische Gebot, stets die Wahrheit zu sagen, dem moralischen Gebot, dem Nächsten zu helfen, überzuordnen oder nicht?

Die hier gestellten Fragen sind als Anregungen für das eigene Nachdenken und/oder Diskutieren mit Freunden und Bekannten gedacht. Auf eine (end-)gültige Beantwortung dieser Fragen wurde nicht nur aus Platzgründen verzichtet.
(Schon Sokrates stellte fest, daß Moral das Selbstdenken und -beurteilen jedes *einzelnen* fordert. Vgl. dazu »Drei Regeln für Moralphilosophen«, S. 121 in diesem Buch.)

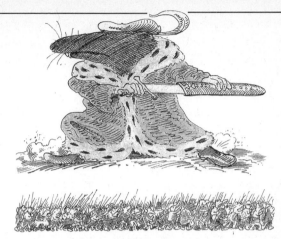

F. K. Waechter

Man hat mir von einem Arbeiter erzählt, der sich auf seine Art gegen das Band zu wehren wußte. Er soll am vorderen Bandabschnitt eingesetzt gewesen sein. Um eine einzige Zigarette rauchen zu können, beging er Sabotage am Band. Statt seinen Preßluftbohrer in die vorgesehene immer gleiche Stelle der Karosserie zu halten, bohrte er kurz ins Band hinein, und alles stand augenblicklich still. Tausende Mark Ausfall für das Werk, für ihn drei bis fünf Minuten Pause, die er sich nahm, weil das Werk sie ihm nicht gab. Drei- oder viermal hatte er's innerhalb von zwei Wochen getan, dann kam's heraus, und er flog.

Günter Wallraff

Halten Sie die Tat des Bandarbeiters für moralisch »gut« oder »schlecht«? Warum? Glauben Sie, daß das Vorgehen des Arbeiters klug war?

Die Auffindung eines obersten Grundsatzes aller Moralität wird aber auch noch dadurch erschwert, daß die Möglichkeit besteht, daß wir als handelnde und beurteilende Personen immer nur unseren eigenen Vorteil im Auge haben und deshalb jede noch so allgemein nützliche und gute Tat nur deshalb begangen wurde bzw. wird, weil sie letztlich in welcher Form auch immer dem eigenen Nutzen oder Ansehen diente und dient.

Man könnte natürlich über diesen Tatbestand so lange hinwegsehen, wie sich aus meiner noch so egoistischen Handlungsweise irgendein Vorteil oder Nutzen für die Gemeinschaft ergibt. Doch strenggenommen gäbe es unter dieser Handlungsvoraussetzung keine Moralität mehr. Denn man wäre gezwungen, auch solche Handlungen als »gut« zu bezeichnen, die ganz offensichtlich zum Schaden der Gemeinschaft geplant waren, aber gegen den Willen des Handelnden doch noch für die anderen nützlich wurden.

Wer nur die guten *Folgen* als Maßstab für die Gutheit oder Schlechtheit von Handlungen gelten lassen will, sieht sich mit dem Problem konfrontiert, daß jemand gute Absichten haben kann, aber aufgrund bestimmter Umstände diese seine Absichten nicht ebenso gut in die Tat umsetzen kann oder gar das Gegenteil von dem erreicht, was er ursprünglich wollte.

Will man dieser Möglichkeit menschlichen Handelns und Wollens gerecht werden, kommt man nicht umhin, die Frage zu beantworten, ob man das moralisch Gute grundsätzlich nur nach den Folgen bemißt, die eine Handlung hat, oder grundsätzlich nur nach den guten *Absichten*, die jemand hat. (Vorausgesetzt natürlich, daß es sich bei diesen Absichten nicht nur um fromme Wünsche handelt!)

Beide Möglichkeiten moralischer Letztbegründung sind von Moralphilosophen von der Antike bis heute mit guten Gründen vertreten worden, und beide Möglichkeiten werfen – wenn es um ihre praktische Anwendung geht – weitreichende Probleme auf.

Wer als Maßstab für Moralität nur die Folgen für das Wohl und Wehe der anderen in den Blick nimmt, muß auch die Frage beantworten, wer denn mit letzter Sicherheit für jeden Einzelfall die Frage beantworten will, ob eine bestimmte Handlungsweise einer Gemeinschaft auf lange Sicht mehr schadet als nützt.

Wer dagegen die außermoralisch guten Folgen als entscheidenden Beurteilungsmaßstab moralischen Handelns verwirft, weil damit nicht ausgeschlossen ist, daß auch rein egoistisch motivierte Handlungen moralisch für »gut« befunden werden, sieht sich der Schwierigkeit gegenübergestellt, zu entscheiden, ob im Einzelfall allein der gute Wille zur Tat geführt hat, oder ob auch eigennützige Absichten mit im Spiel waren.

Der deutsche Philosoph Immanuel Kant (1724–1804) hat, wie er glaubt, aus diesem Dilemma einen Ausweg gefunden. Er sagt sinngemäß, daß jeder, der moralisch gut handeln will, von seiner eigenen Handlungsweise muß wollen können, daß sie jedermann in eben derselben Weise tun solle.

Diese Handlungsregel, die nicht mit der Klugheitsregel: »Was du nicht willst, was man dir tu', das füg auch keinem andern zu!« zu verwechseln ist, ist für Kant, weil sie die Form eines Vernunftgesetzes hat und daher notwendig und allgemein gilt, das *einzige* und *oberste* Moralgebot menschlichen Handelns. Bekannt geworden ist dieses Gebot unter dem Namen »der kategorische Imperativ«.

Und war
am fünften Tage tot.

Das wohl interessanteste und zugleich am wenigsten geklärte Problem der Moralphilosophie ist das der Selbsttötung, denn es geht dabei um eine Frage auf Leben und Tod.[1]

Immer wieder scheiden Menschen aus dem Leben, sei es nun freiwillig oder unter dem Druck bestimmter Verhältnisse. Wie unser Sprachgebrauch bezüglich der Beurteilung eines solchen Verhaltens verrät, stehen wir diesem sehr zwiespältig gegenüber. Wir sprechen nämlich in solchen Fällen sowohl von Selbst*mord* und Selbsttötung als auch von Freitod und bewerten damit ein und denselben Vorgang in ganz unterschiedlicher Weise.

Moralisch gesehen stellt sich angesichts dieses Grenzfalles von menschlichem Handeln die Frage, ob man es prinzipiell gutheißen kann oder gänzlich verurteilen muß, daß Menschen Hand an sich legen.

Es geht mit anderen Worten um die Frage, ob man sich ein allgemein verbindliches Moralgesetz folgenden Inhalts vorstellen kann: »Wenn Widerwärtigkeiten und hoffnungsloser Gram den Geschmack am Leben gänzlich genommen haben« (Kant), darf und soll man sich selbst töten!

---

[1] *Der französische Philosoph und Dichter Albert Camus hat in seinem Werk »Der Mythos von Sisyphos« den Selbstmord sogar als das einzig ernste philosophische Problem überhaupt bezeichnet.*

Wer bei der moralischen Beurteilung von Handlungen nur die Folgen für das (mit)menschliche Wohl im Blick hat, könnte ein solches Moralgesetz unter gewissen Voraussetzungen akzeptieren. Dann nämlich, wenn die Selbsttötung eines Menschen dem Wohl der Gemeinschaft nicht schadet oder ihm sogar nutzt. Aber wer will das mit letzter Sicherheit entscheiden?

Gegen die generelle moralische Rechtfertigung der Selbsttötung spricht vor allem folgendes: Wer die beliebige Verfügung über das eigene Leben zum Moralgesetz erhebt, muß damit zugleich allen anderen Moralgesetzen, die von der Möglichkeit des Lebens abhängen, den Charakter verbindlicher Allgemeingültigkeit verweigern. Damit würde aber Moral ihren Sinn verlieren. Die Befürwortung der Selbsttötung in der Form eines Moralgesetzes ist nicht einmal denkbar, weil sie zu dem obersten Ziel und Zweck aller Moralität im Widerspruch steht: dem Erhalt und der Entfaltung eines menschenwürdigen Lebens.

Kants   *Grabstein*

Der kategorische Imperativ bildet nach Kants Überzeugung nicht nur ein sicheres Fundament aller Moralität, sondern eröffnet auch – so paradox das zunächst klingen mag – dem Menschen die Möglichkeit, wirklich *frei* zu sein.

Wer nämlich von seiner Handlungsweise wollen kann, daß sie zu einem allgemeinen Moralgesetz werde, läuft mit Sicherheit nicht Gefahr, lediglich sein eigenes Bestes zu wollen. Er befreit sich damit aber zugleich auch von jeder Art von Fremdbestimmung.

Da aber dieses Moralgesetz als unbedingte Sollensforderung keinerlei Rücksicht auf die zu erreichenden Folgen einer Handlung nimmt, der einzelne aber sehr wohl an den jeweiligen Folgen seiner Handlung interessiert ist, wird es wohl niemand verwundern, daß die meisten Menschen lieber klug als im Kantischen Sinne moralisch gut handeln.

Dennoch wird Moral damit nicht zu einer Privatsache. Verschiedene Handlungsmöglichkeiten des Menschen haben nämlich inzwischen eine solche Dimension erreicht, daß sie, würden sie verwirklicht, das Leben ganzer Völker, wenn

nicht sogar das Leben der gesamten Menschheit auf dem Raumschiff Erde bedrohen würden. Man denke nur an das Zerstörungspotential von Nuklearwaffen, die ungewissen Folgen der Genmanipulation oder die hemmungslose Ausbeutung und Zerstörung von Natur und Lebensraum.
Angesichts solcher Handlungsmöglichkeiten müssen die Regeln der Klugheit hinter denen einer Moral zurücktreten, die ohne Rücksicht auf die egoistischen Interessen einzelner das *Gesamtwohl* der Menschheit verfolgt. Dies gilt auch dann, wenn wir erst aufgrund unserer Klugheit in der Lage sind, bestimmte Menschheitsentwicklungen als zunehmend lebensbedrohend zu erkennen. Egoismus und Klugheit, die oft Hand in Hand gehen, sichern nur das gute Leben und Überleben für wenige, Moral jedoch verfolgt das Wohlergehen aller Menschen, des Menschen überhaupt.

F. K. Waechter

BÜCHERLISTE ZUM WEITERLESEN

Ausgewählte und mit guten Einführungen begleitete Texte bekannter Moralphilosophen von der Antike bis zur Gegenwart bietet der von *Dieter Birnbacher* und *Norbert Hoerster* herausgegebene Band: »Texte zur Ethik«, 350 Seiten, Deutscher-Taschenbuch-Verlag.

Umfangreich, aber dennoch als Einführungslektüre sehr zu empfehlen: *John L. Mackie*, »Ethik. Auf der Suche nach dem Richtigen und Falschen«, 300 Seiten, Reclam.

Umfassend, systematisch und mit vielen Beispielen stellt *Arno Anzenbacher* in seiner »Einführung in die Ethik« ihre Grundfragen vor. Das Buch wendet sich mit einer verständlichen und anschaulichen Sprache an Leser ohne spezielle Vorkenntnisse, 308 Seiten, Patmos Verlag, Düsseldorf.

Moral und Recht und Kants Moralphilosophie sind die Themen von *Günther Patzigs* Buch »Ethik ohne Metaphysik«, 174 Seiten, Vandenhoeck & Ruprecht, Göttingen.

Genauso schwer zu verstehen, wie sein Titel klingt, aber richtungweisend für die gesamte Moralphilosophie der Neuzeit: *Immanuel Kants* »Grundlegung zur Metaphysik der Sitten«.

*Francisco Goya,
Der Schlaf(Traum) der Vernunft erzeugt Ungeheuer,
1797–1798*

Textverzeichnis

12 Karl Jaspers, Kleine Schule des philosophischen Denkens, © R. Piper & Co. Verlag, München 1965, 163–166 (i. A.).

16–17 Horst Stern, Mann aus Apulien. Die privaten Papiere des italienischen Staufers Friedrich II., © Kindler-Verlag, München 1986, 59–62 (i. A.).

23–24 Thomas Mann, Bekenntnisse des Hochstaplers Felix Krull, S. Fischer Verlag, Berlin und Frankfurt a. M. 1954, zit. nach: Fischer-Tb. 639, 285–287 (i. A.).

27–31 Peter Bichsel, Der Mann, der nichts mehr wissen wollte, in: Peter Bichsel, Kindergeschichten (Sammlung Luchterhand, Bd. 144), Hermann Luchterhand-Verlag, Darmstadt/Neuwied 1969, 70–79. © Luchterhand Literaturverlag, Hamburg.

34 Christian Morgenstern, Palmström, Palma Kunkel, München, dtv 4, 144.

39–40 Kurt Tucholsky, Zur soziologischen Psychologie der Löcher, in: ders., Gesammelte Werke, Bd. III, Copyright © 1960 by Rowohlt Verlag GmbH, Reinbek (i. A.).

44–45 Ernst Bloch, Subjekt – Objekt. Erläuterungen zu Hegel, © Suhrkamp Verlag, Frankfurt a. M.1962, stw 251, 17.

47 Immanuel Kant, Anthropologie in pragmatischer Hinsicht, Suhrkamp Theorie Werkausgabe, Bd. XII, Frankfurt a. M. 1964, 549.

50–51 Aus: Willy Hochkeppel, Denken als Spiel. 111 Intelligenz-Übungen für Anfänger und Fortgeschrittene, Langewiesche-Brandt, Ebenhausen bei München 1970.

56–57 Platon, Apologie, 1. Rede.

72–73 Platon, Theaitet, 151 D ff.

74–78 Platon, Politeia/Der Staat, Über das Gerechte, 514–519 (Der Übersetzung wurde die von Schleiermacher zugrunde gelegt.).

84–85 Henning Boetius, Der Gnom. © Vito von Eichborn GmbH & Co. Verlag KG, Frankfurt a. M. 1989.

90–91 René Descartes, Meditationen über die Erste Philosophie. Aus dem Lateinischen übers. u. hrsg. v. Gerhart Schmidt, Philipp Reclam jun., Stuttgart.

92 Tschung Tse, Quelle unbekannt.

94–95 Franz Kafka, Auf der Galerie, in: ders., Sämtliche Erzählungen, hrsg. v. Paul Raabe, S. Fischer Verlag, Frankfurt a. M. 1970.

96 Nach einer Radiosendung.

100–101 David Hume, Eine Untersuchung über den menschlichen Verstand (1742), übers. v. Raoul Richter, Verlag Felix Meiner, Hamburg 1993, Ph. Bibl. 35, 36–39 (i. A.).
104–105 Leszek Kolakowski, Esau – oder das Verhältnis der Philosophie zum Handel, in: ders., Der Himmelsschlüssel, © R. Piper & Co. Verlag, München 1965, Serie Piper 232, 31–35 (i. A.).
116 Arthur Schopenhauer, Die Stachelschweine, in:ders., Parerga und Paralipomena (Arthur Schopenhauers sämtliche Werke in fünf Bänden, Bd. 5), Leipzig o. J., 708 f.
122–124 Nach: Richard L. Purtill, Grundfragen der Ethik, Düsseldorf 1977, 34 ff.
128–134 Heinrich Böll, Höflichkeit bei verschiedenen unvermeidlichen Gesetzesübertretungen, in: ders., Gesammelte Erzählungen, Bd. 2, © 1981 by Verlag Kiepenheuer & Witsch, Köln.
138–139 Eva M. von Münch, Wenn zwei sich küssen, in: DIE ZEIT v. 17. 10. 1980.
150–151 Alfred Menzel, Das Problem der Willensfreiheit, Hamburg 1919, 43 f.
161–162 Immanuel Kant, Über ein vermeintliches Recht aus Menschenliebe zu lügen (Akademie-Ausgabe, Bd. VIII), Nachdruck Berlin 1968, 427.
163 Günter Wallraff, Industriereportagen, Rowohlt-Verlag, Reinbek 1970, rororo 6723, 11. © beim Autor.

ABBILDUNGSVERZEICHNIS

    6 Fred Hoyle, aus: Zehn Gesichter des Universums, London 1977.
    8 M. C. Escher, Luft und Wasser II, 1938. © 1994 M. C. Escher/ Cordon Art – Baarn – Holland. All rights reserved.
13/14 Charles M. Schulz. © United Feature Syndicate.
  17 Albrecht Dürer, Das große Rasenstück (Ausschnitt), 1503.
  18 Aus: Bernd Bexte (Hrsg.), 1002 Bilder, Geschichten usw. für Kinder, Zweitausendeins, Frankfurt a. M. 1982.
  21 Fotos: © FOCUS/SPL.
24/25 Albrecht Dürer, Adam und Eva, 1504.
  31 Albrecht Dürer, Das Rhinozeros, 1515.
  34 S. S. 18. Foto: Helia.
36–38 Aus: Robert Crumb, »Die 17 Gesichter des Robert Crumb«. © 1970/1975 by Robert Crumb Zweitausendeins, Postfach 610 637, D-60381 Frankfurt a. M.
  40 »L'Objet«, Collage von Marcel Marien, Sammlung Christian Bussy, Brüssel.
41–43 e. o. plauen, Vater und Sohn. © Gesellschaft für Verlagswerte, CH-Krenzlingen.
  44 Ernst Bloch: Foto dpa, Düsseldorf.
  46 (l.) Ptolemäisches System, (r.) Kopernikanisches System. Österreichische Nationalbibliothek, Wien.
  47 Immanuel Kant: Kupferstich von S. F. Bause nach Veit Hans Schnorr von Carolsfeld, 1791.
  49 René Magritte, Das Liebeslied, 1948. © VGBild-Kunst, Bonn 1994.
  50 Stahlstich von Winkles nach Heck, 1849.
  52 René Magritte, Der Schlüssel der Träume, 1930. © VG Bild-Kunst, Bonn 1994.
54–55 Karl Arnold, aus: Das Steuermännlein und andere Bildgeschichten, it 105, © Insel Verlag, Frankfurt a. M. 1975.
  61 M. C. Escher, Drei Kugeln II (Ausschnitt), 1946. © 1994 M. C. Escher/Cordon Art – Baarn – Holland. All rights reserved.
  64 M. C. Escher, Belvedere, 1958. © 1994 M. C. Escher/Cordon Art – Baarn – Holland. All rights reserved.
  67 (u.) Nach: Günter Schulte, Das Auge der Urania. Bilder und Gedanken zur Einführung in die Erkenntnistheorie, Verlag Vittorio Klostermann, Frankfurt a. M. 1975.

69 René Magritte (Ceci n'est pas une pipe – Das ist keine Pfeife), Der Verrat der Bilder, 1928/29. © VG Bild-Kunst, Bonn 1994.
71 Bertrand Russel:Foto dpa, Düsseldorf.
72–73 Raffael, Die Schule von Athen (Ausschnitt), Vatikan, 1509–1511.
74 Sebastian Raulf, aus: DIE ZEIT, Nr. 13, 26.3.1993. © Sebastian Raulf, Hamburg.
77 Nach: dtv-Atlas zur Philosophie. Tafeln und Texte, München (dtv 3229), 40.
79 Idee/Zeichnung aus: Günter Schulte, Das Auge der Urania; Bilder und Gedanken zur Einführung in die Erkenntnistheorie, Verlag Vittorio Klostermann, Frankfurt a. M. 1975.
80–81 Hildegard Müller. © Patmos Verlag.
82–83 Nach Josua Reichert, Codex Typographicans, 1963/64.
86 © Benziger Verlag, Solothurn und Düsseldorf.
88 Raffael, Die Schule von Athen (Ausschnitt), Vatikan, 1509–1511.
91 René Descartes: ÖsterreichischeNationalbibliothek, Wien.
93 René Magritte, Persönliche Werte, 1952. © VG Bild-Kunst, Bonn 1994.
94 George Seurat, Le cirque, 1891.
96 s. S. 31.
97–98 © Hans Hillmann.
101 David Hume, Zeitgenössische Gemälde: HISTORIA-PHOTO.
103 Aus: Inge Seiffge-Krenke, Arbeitsbuch Psychologie, Bd. 2: Wahrnehmung, Düsseldorf 1981.
105 s. S. 103.
106 s. S. 18.
108 s. S. 79.
109 s. S. 18.
116 © Friedrich Karl Waechter.
122/124 Loriots Heile Welt, © 1983 by Diogenes Verlag AG, Zürich.
121 Sokrates: Römische Marmorkopie, Vatikan.
127 Gerard Hoffnung. © Putnam & Co. Ltd., London.
137 © Friedrich Karl Waechter.
138 Zeichnung: Michael Wittschier.
139 Thyrso A. Brisólla, in: DIE ZEIT v. 28. 11. 1986.
140–142 © Friedrich Karl Waechter.

145 © Friedrich Karl Waechter.
146 Römisches Fresko im Lateran, 6. Jh. – Nachzeichnung des ältesten Augustinusbildes.
150 Skizze von Wilhelm Busch, Schopenhauer mit seinem Pudel Atman, um 1870
154 Zeichnung: Wolfgang Mattern. © Patmos Verlag.
156 © Walter Kurowski.
160 Zeichnung von Wilhelm von Kaulbach, aus:Reineke Fuchs von Goethe, Stuttgart 1867.
163 © Friedrich Karl Waechter.
168 Kants Grabstein in Königsberg.
169 © Friedrich Karl Waechter.
171 Francisco Goya, Der Schlaf (Traum) der Vernunft erzeugt Ungeheuer, 1797–1798.

Alle anderen Zeichnungen: Thomas Brink und Patmos Archiv.